万物简史

WAN WU JIAN SHI

食品卷

刘宝恒 主编

图书在版编目（CIP）数据

万物简史·食品卷 / 刘宝恒主编 .-- 北京：北京联合出版公司，2013.10（2022.1重印）

ISBN 978-7-5502-1988-5

Ⅰ.①万… Ⅱ.①刘… Ⅲ.①科学知识—普及读物②饮食—文化史—世界—普及读物 Ⅳ.①Z228 ②TS971-49

中国版本图书馆 CIP 数据核字（2013）第 229334 号

万物简史·食品卷

主　　编：刘宝恒
选题策划：天昊书苑
责任编辑：昝亚会
封面设计：尚世视觉
版式设计：程　杰

北京联合出版公司出版
（北京市西城区德外大街 83 号楼 9 层 100088）
北京一鑫印务有限责任公司印刷　新华书店经销
字数 100 千字 710 毫米 ×1092 毫米 1/16 12 印张
2013 年 10 月第 1 版　2022 年 1 月第 3 次印刷
ISBN 978-7-5502-1988-5
定价：49.80 元

前言

FOREWORD

人类生活的世界是一个包罗万象的世界，是一个记载世间万物的世界。这个世界的任何事物都有自己的历史，每一个事物的历史都蕴含着重要的知识、揭示着某种道理。了解这些历史，对青少年读者的学习和生活都有着很大的益处。它不仅可以丰富青少年读者的知识结构，而且还可以拓宽青少年读者的眼界。

本套《万物简史》丛书属于科学史类读物，主要以简史的形式将人类自古以来、古今中外的“物质化”与“精神化”的所有富有代表性的事物给予简述，使得青少年读者能够通过本套丛书而熟悉学习中、生活中及身边的一切事物的历史由来，及夹杂在这些历史脉络中的有趣故事与知识性趣闻。

丛书系列记载了人类历史中最精彩的部分，从实际出发，根据读者的阅读要求与阅读口味，为读者呈现最有可读性兼趣味性的内容，让读者更加方便地了解历史万物，从而扩大青少年读者的知识容量，提高青少年的知识层面，丰富读者的知识结构，引发读者对万物产生的新思想、新概念，从而对世界万物有更加深入的认识。

此外，本套丛书系列为了迎合广大青少年读者的阅读兴趣，还配有相应的图文解说与介绍，再加上简约、独具一格的版式设计，以及多元素色彩的内容编排，使本套丛书的内容更加生动化、更有吸引力，使本来生趣盎然的知识内容变得更加新鲜亮丽，从而提高了读者在阅读时的感官效果，使读者零距离感受世界万物的深奥、亲身触摸社会历史的奥秘。在阅读本套系列丛书的同时，青少年读者还可以轻松享受丛书内容带来的愉悦，提升读者对万物的审美感，使读者更加热爱自然万物。

目录 Contents

目录 Contents

第一章

话说五谷杂粮

小麦、水稻、玉米是世界三大粮食作物。在我国，人们通常称稻、禾、稷、麦、豆为“五谷”。同时，又把除水稻、小麦以外的其他粮食作物，统称杂粮。杂粮的主要特点是适应性强，在我国广大的山区和自然条件较差的地区，杂粮种植占很大比重。谷类是人们的日常饮食、食品加工、饲料等的主要作物，主要包括稻米、玉米、小麦、大麦、高粱、燕麦、小米、青稞等。谷类种植已有一万多年的历史，也是食物产品和栽培面积中最重要的栽培作物。我们每天的日常饮食中，60%以上的卡路里和蛋白质就是由谷类作物提供的。和其他富含纤维和维生素的食物一样，全谷类食物有利于身体健康。许多谷类作物食品能起到食疗的作用，研究发现，全谷类食物的摄入与心脏病的发病率有关，增加全谷类食物的摄入能使心脏病的发病率平均降低26%。另外，每天食用全谷类食物可使糖尿病发生的风险降低38%。因此，五谷杂粮不仅维持着人体的基本生命功能，而且还通过食物的方式而“潜移默化”地强健人体的机能，发挥着如同药物的功能，正所谓“药食同源”。本章就来说一说诸如稻谷、玉米、小麦、甘薯等五谷杂粮的来源。

米类

MILEI

◆稻米的来历

稻米也叫稻或水稻，是一种谷物，我国南方俗称其为“稻谷”、“谷子”，脱壳后的稻谷是大米。煮熟后，北方称米饭，南方叫白饭。水稻主要种植在亚洲、欧洲南部、热带美洲及非洲部分地区。总产量占世界粮食作物产量第三位，低于玉米和小麦。2004 年被联合国确定为“国际稻米年”。稻的主要生产国是中国、印度、日本、孟加拉国、印度尼西亚、泰国、缅甸、越南、巴西、韩国、菲律宾和美国。

水稻源于亚洲和非洲的热带和亚热带地区。中国是世界上水稻栽

水 稻

培历史最悠久的国家，据浙江余姚河姆渡发掘考证，早在六七千年前就已种植水稻。而最新的考古资料表明，中国水稻的栽培历史可追溯到远古时期的湖南。1993 年在湖南道县玉蟾岩发现了世界最早的古栽培稻，距今约 14000 年 ~ 18000 年。水稻在中国广为栽种后，逐渐向西传播到印度，中世纪进入欧洲南部。著名的小站稻产于天津，它是袁世凯在小站练兵时引进的品种，先在小站地区试种，后经天津南郊的高庄子一位姓李的地主改良后成为今天的小站稻。

稻米在我国产生了许多日常问候语、成语及谚语，比如：中国人最常打招呼的是“你吃饭了吗”，就是稻米文明的典型代表话语。另外还有就是所谓的“开门七件事”（柴、米、油、盐、酱、醋、茶）。而著名的诗词、谚语则有“锄禾日当午，汗滴禾下土；谁知盘中餐，粒粒皆辛苦”“巧妇难为无米之炊”“一样米养百样人”“食盐多过你食米”“吃米不知米贵”“偷鸡不着蚀把米”。另外，我国还产生了许多与稻米有关的风俗。比如，夫妻如生下男孩，满月时要赠送油饭给亲友，以兹庆祝；高山族会把稻米煮成饭，或把糯米蒸成糕与米粑，以庆祝各种节日或来宾；汉族在农历新年时喜吃元宵、年糕、萝卜糕，在端午节吃粽子等。

稻米在国外也有悠久的食用历史。例如，印度产稻的历史也相当悠久。印度的稻米之王称为“印度香米”。稻米是泰国主要的出口品，而泰国是全球最大的稻米出口国。农耕节是泰国主要节日，其中的耕田播种仪式最为重要，以期盼五谷丰收。阿尔稻米节是法国阿尔当地庆祝稻米收成的节庆，在每年九月中旬一连三天举行。庆祝活动包括选出“稻米皇后”“花车巡游”等。在日本，米糠可以榨油，米糠油被作为一种美白圣品。此外，米糠也能腌菜，甚至单独成为一道菜，叫做炒米糠。

稻米按品种可分为籼米、粳米、糯米三类；按加工精度可分为特等米、标准米；按产地或颜色可分为白米、红米、紫红米、血糯、紫黑米、黑米等；按收获季节分为早、中、晚三季稻；按种植方法分为水稻、旱稻。加工之后稻米的种类主要有糙米、胚芽米、白米、预熟米、营养强化米、速食米、有机米、免淘洗米、蒸谷米。

稻谷有一层外壳，碾磨时常把外壳连同米糠一起去除。碾磨时只去掉外壳的稻米叫糙米，富含淀粉、蛋白质、脂肪、硫胺、烟酸、核黄素、铁和钙。碾去外壳和米糠的大米叫精米或白米，其营养价值大大降低。碾米的副产品包括米糠、磨得很细的米糠粉和从米糠提出的淀粉。碎米用于酿酒、提取酒精和制造淀粉及米粉。稻壳可做燃料、填料、抛光剂、肥料。稻草用作饲料、牲畜垫草、覆盖屋顶材料以及制席垫、

稻 米

服装、扫帚。

在饮食界，稻米能做成多种美食，比如：米饭、泡饭、盖浇饭、寿司、炒饭、粢饭、粢饭糕、饭团、蒸饭、盅头饭、稀饭、焗饭、煲仔饭、米汉堡、御饭团、米粉、米线、饵丝（著名的饵丝是腾冲饵丝）、金边粉、檬粉、酵粉、河粉、糯米糕、糯米卷、板条、锅巴、米香、米花糖、米糕、米饼、肠粉、萝卜糕、汤圆、糍粑、糯米鸡、珍珠鸡、粽子、筒仔米糕、年糕、糯米肠、酒酿、糯米糍、糖不甩、米布丁、米酒（如三花酒、加饭酒、黄酒、女儿红、四川甜米酒、米浆）等等。稻米中氨基酸、蛋白质丰富。大米可提供丰富的 B 族维生素；稻米具有补中益气、健脾养胃、益精强志、和五脏、通血脉、聪耳明目、止烦止渴止泻的功效。

米 饭

适宜一切体虚之人、高热之人、久病初愈、妇女产后、老年人、婴幼儿等人群。稻米的食用禁忌主要有：糖尿病患者不宜多食；唐代的学者孟诜认为“粳米不可同马肉食，会发瘤疾”，也“不可和苍耳食，会令人卒心痛”。

◆玉米的来历

玉米又称印第安玉米，别名有包谷、包芦、玉蜀黍、大蜀黍、棒子、苞米、苞谷、玉蔆、玉麦、稀麦、玉豆、六谷、芦黍、珍珠米、红颜麦、薏米包。粤语称其为粟米，上海话和台湾话称其为番麦，安徽庐江将其称为六谷子，河南北部称为玉茭草、玉茭。玉米原产于南美洲，7000 年前美洲的印第安人就已经开始种植玉米。西欧殖民者入侵美洲后将玉米种子带回欧洲，之后在亚洲和欧洲被广泛种植。17 世纪时传入中国，18 世纪又传到印度。目前世界各大洲均有玉米种植，其中北美洲和中美洲的种植面积最大。

玉米籽粒根据其形态、胚乳的结构以及颖壳的有无可分为 9 种类型：硬粒型，也称燧石型，籽粒多为方圆形，顶部及四周胚乳都是角质，外表半透明有光泽、坚硬饱满。粒色多为黄色，是我国长期以来栽培较多的类型，主要作食粮用；马齿型，又叫马牙型，籽粒扁平呈长方形，顶部的中间下凹。籽粒表皮皱纹粗糙，不透明，多为黄、白色，是世界上及我国栽培最多的一种类型，适宜制造淀粉、酒精、饲料；半马齿型，也叫中间型，是由硬粒型和马齿型玉米杂交而来；粉质型，又名软质型，籽粒乳白色，无光泽。只作为制取淀粉的原料；甜质型，亦称甜玉米，含糖分多，含淀粉较低，成熟时呈半透明状，多用做蔬菜；甜粉型，籽粒上半部为角质胚乳，下半部为粉质胚乳；蜡质型，又名糯质型，似糯米，粘柔适口；爆裂型，籽粒较小，质地坚硬透明，多为白色或红色，适宜加工爆米花等膨化食品；有稃型，籽粒被较长的稃壳包裹，籽粒坚硬，难脱粒，是种原始类型。

我国玉米根据粒色和粒质分为四类：黄玉米，种皮为黄色，包括略带红色的黄玉米；白玉米，种皮为白色，包括略带淡黄色或粉红色的玉米；糯玉米，富含粘性的玉米；杂玉米。另外按品质分类，玉米分为常规玉米、特用玉米（甜玉米、糯玉米、爆裂玉米、优质蛋白玉米、高油玉米和高直链淀粉玉米等）。其中，甜玉米分为普通甜玉米、加强甜玉米和超甜玉米。糯玉米除鲜食外，还是淀粉加工业的重要原料。高油玉米含油量较高，具有降低血清中的胆固醇、软化血管的作用。值得一提的是紫玉米,这是一种非常珍贵的玉米品种,为我国特产,因颗粒形似珍珠，有“黑珍珠”之称。

玉米喜高温，植株高大，茎强壮，挺直。叶窄而大，边缘波状，于茎的两侧互生。可用作饲料、食物和工业原料。玉米是世界上分布

玉米粒

玉 米

最广泛的粮食作物之一，种植面积仅次于小麦和水稻。玉米是美国最重要的粮食作物，产量约占世界产量的一半。中国玉米年产量占世界第二位，其次是巴西、墨西哥、阿根廷。我国玉米的播种面积很大，是我国北方和西南山区及其他旱谷地区人民的主要粮食之一。但玉米营养价值低，蛋白质含量低，缺乏菸草酸，若以玉米为主要食物则易患糙皮病。在拉丁美洲，玉米广泛用作不发酵的玉米饼。美国各地均食用玉米，做成煮（或烤）玉米棒子、奶油玉米片、玉米布丁、玉米糊、玉米粥、玉米肉饼、爆玉米花等食品。玉米是工业酒精和烧酒的主要原料。玉米秆可用于造纸、制墙板，包皮可作填充材料和草艺编织，玉米穗轴可作燃料，制工业溶剂，茎叶除用作牲畜饲料外，还是沼气池很好的原料。

玉米是粗粮中的保健佳品，玉米粉可制作窝头、丝糕。用玉米制出的碎米叫玉米渣，可用于煮粥、焖饭。尚未成熟的极嫩的玉米称为“玉米笋”，可制作菜肴。玉米味甘性平，含蛋白质、脂肪、淀粉、钙、磷、铁、维生素 B_1、B_2、B_6，烟酸、泛酸、胡萝卜素、槲皮素等成分。而玉米油富含多个不饱和键脂肪酸，是一种胆固醇吸收的抑制剂，对降低血浆胆固醇和预防冠心病有一定作用。玉米的纤维素含量高，可防治便秘、肠炎、肠癌等；含有的维生素 E 有促进细胞分裂、延缓衰老、降低血清胆固醇、防止皮肤病变的功能；含有的黄体素可以对抗眼睛老化；多吃玉米能抑制抗癌药物对人体的副作用；含有的谷氨酸有健脑作用，能增强人的脑力和记忆力。

玉米具有调中开胃，益肺宁心，清湿热，利肝胆，延缓衰老，具有治疗脾胃不健、食欲不振、饮食减少、小便不利或水肿、高血脂症、冠心病等病症的功能。适宜脾胃气虚、气血不足、营养不良、动脉硬化、高血压、高脂血症、冠心病、心血管疾病、肥胖症、脂肪肝、癌症患者、记忆力减退、习惯性便秘、慢性肾炎水肿以及中老年人食用。玉米熟吃更佳，烹调会使玉米损失部分维生素 C，但能获得更有营养价值的抗氧化剂活性。最后，玉米忌和田螺同食，否则会中毒；同时不能与牡蛎同食，否则会阻碍锌的吸收；不宜食用过多。

◆薏米的来历

薏米又名薏仁、苡仁、米仁、珠珠米、五谷米、回回米、菩提珠、药玉米、水玉米、沟子米、天谷、苡米、草珠粹、芑实、六谷子等，被誉为“世界禾本科植物之王”。薏米是常用的中药，又是普遍、常吃的食物。薏米生于湿润地区，耐涝耐旱。我国各地均有栽培，长江以南各地有野生薏米，主要生于屋旁、荒野、河边、溪涧、阴湿的山谷中。薏米营养丰富，对久病体虚、病后恢复期患者以及老人、产妇、儿童都是较好的药用食物，可经常服用。广西桂林地区有着“薏米胜过灵

薏 米

芝草，药用营养价值高，常吃可以延年寿，返老还童立功劳”的民谣。

薏米是补身药用佳品，主要成分为蛋白质，维生素 B1、B2。冬天用薏米炖猪脚、排骨和鸡，是一种滋补食品。夏天用薏米煮粥或作冷饮冰薏米，是很好的消暑健身的清补剂。薏米的种仁和根能入药治病。薏米还是一种抗癌药物。我国传统医学认为薏米可用于治疗脾胃虚弱、高血压、尿路结石、尿路感染、蛔虫病等。

薏米的医学功效主要有：健脾、渗湿、止泻、排脓、抗肿瘤、增强免疫力、抗炎、降血糖、抑制骨骼肌的收缩、镇静、镇痛、解热、降血钙、延缓衰老、降血钙、降血压、抑制胰蛋白酶、诱发排卵。适用于脾虚腹泻、肌肉酸重、关节疼痛、水肿、脚气、白带、肺脓疡、小便淋沥、湿温病、风湿痹痛、肺痈、肠痈、扁平疣、阑尾炎等疾病。

生薏米煮汤服食，利于祛湿除风；用于健脾益胃、治脾虚泄泻须炒熟食用。薏米用作粮食吃，煮粥、做汤均可。夏秋季和冬瓜煮汤，能清暑利湿。薏仁又是一种美容食品，常食可以保持人体皮肤光泽细腻，消除粉刺、斑雀、老年斑、妊娠斑、蝴蝶斑，对脱屑、痤疮、皲裂、皮肤粗糙等都有良好疗效。薏米食用时的注意事项有：薏米会使身体冷虚，因而虚寒体质的人不宜长期服用；怀孕妇女及正值经期的妇女应避免食用；薏米所含的糖类黏性较高，所以吃太多会妨碍消化。

◆高粱的来历

高粱又名蜀黍、秫秫、芦粟、茭子、木稷、藋粱、芦穄、荻粱、番黍。高粱是我国最早栽培的禾谷类作物之一，已有5000年历史。《本草纲目》中记载："蜀黍北地种之，以备粮缺，余及牛马，盖栽培已有四千九百年"。高粱起源于中国，我国的高粱栽培历史最早可上溯到新石器时代，主要分布在黄河中下游；自商周至两汉时期，已在我国大范围栽培。

高 粱

在国外，非洲是高粱变种最多的地区。农业学家斯诺顿收集到的 17 种野生种高粱中有 16 种来自非洲，所确定的 31 个栽培种，非洲占 28 种。

高粱米

高粱在中国经过长期的栽培、训化，渐渐形成独特的中国高粱群，许多植物学形态明显区别于非洲高粱。中国高粱叶脉白色，颖壳包被小，易脱粒，米质好，分蘖少，气生根发达，糖分少或不含糖分。我国栽培较广，以东北最多。综合利用高粱的籽粒、花序、穗颈、茎秆，是中国高粱栽培的传统习惯。高粱籽粒加工后即成为高粱米，在我国、朝鲜、印度及非洲等地皆为食粮。食用方法主要是为炊饭或磨制成粉后再做成其他各种食品，比如面条、面鱼、面卷、煎饼、蒸糕、粘糕等。除食用外，高粱可制淀粉、制醋、制糖、酿酒、制酒精。

高粱脱壳后即为高粱米，子粒呈椭圆形、倒卵形、圆形，呈白、黄、红、褐、黑等颜色。其中，红高粱又称酒高粱，用于酿酒；白高粱用于食用。高粱按照用途可分为食用高粱、糖用高粱、帚用高粱。糖用高粱的秆可制糖浆或生食；帚用高粱的穗可制扫帚。高粱茎秆可榨汁熬糖。高粱根可入药，能利小便，治疗膝痛、脚跟痛，止血。高粱苞能清热止血，治一切失血之病。高粱颖果也能入药，能燥湿祛痰，宁心安神。但，高粱的嫩叶及幼苗含有羟氰苷，在胃内能形成剧毒的氢氰酸，因而必须阴干青贮，或晒干后才能搭配作饲料。

高粱蛋白质中赖氨酸含量较低，尼克酸含量不如玉米多，以高粱为主食的地区较少发生“癞皮病”。高粱子粒富含粗脂肪、粗蛋白、粗纤维、淀粉。高粱中含有单宁，患有慢性腹泻的病人常食高粱米粥有明显疗效。高粱米在食用时，一定要煮烂，供早晚食用；高粱米可制作干饭、稀粥、糕团、饼等；民间常用高粱米一份、甘蔗汁四份，一同放入锅内煮成高粱甘蔗粥，具有益气生津作用，对老人痰热咳嗽、口干舌燥、唾液黏涎者有食疗作用；高粱米或碾粉熟食，有健脾益胃、充肌养身的作用。高粱具有和胃、消积、温中、涩肠胃、止霍乱、凉血解毒的功效；主治消化不良、湿热下痢、小便不利。其适宜的人群主要有：小儿消化不良；脾胃气虚、大便溏薄；肺结核病人。高粱的食用禁忌主要有：糖尿病患者应禁食高粱；大便燥结、便秘者应少食；高粱米忌与瓠子、中药附子同食。

◆小麦的来历

小麦别名浮小麦，又称淮小麦，我国各地均有栽培。夏季采收成熟果实，晒干，去皮壳备用。小麦根据对温度的要求不同，分冬小麦和春小麦。在我国黑龙江、内蒙古和西北，种植春小麦；在辽东、华北、新疆南部、陕西、长江流域各省及华南一带栽种冬小麦。北方人种麦子用漫撒的方法，南方人种麦子用撮撒的方法，所以北方的麦子皮薄但面多，南方的麦子则刚好相反。小麦的世界产量和种植面积，居于栽培谷物的首位。生产小麦最多的国家有苏联、美国、加拿大和阿根廷。

大、小麦都是秋天种下，冬天成长，春天长叶，夏天结果，具备四季的精华，因此被称为“五谷之贵”。收割好的麦子和蚕沙放在一起，

小 麦

可以防虫。小麦磨制的面粉除供食用外，还可用来生产淀粉、酒精、面筋等。从蛋白质的含量看，生长在大陆性干旱气候区的麦粒质硬而透明，含蛋白质较高，面筋强而有弹性，适宜烤面包；生于潮湿条件下的麦粒含蛋白质低，麦粒软，面筋差。

小麦含大量淀粉、蛋白质、糖类、脂肪、粗纤维、少量谷甾醇、卵磷脂、精氨酸、淀粉酶、麦芽糖酶、蛋白酶、维生素 B 等。未成熟小麦可入药治盗汗，小麦皮治疗脚气病。漂浮水面的干瘪小麦叫浮小麦，止汗力更好。小麦适宜心血不足的失眠多梦、心悸不安、多呵欠、喜悲伤欲哭者食用，也适宜妇人回乳时食用；另外，患有脚气病、末梢神经炎者宜食小麦；体虚自汗、盗汗、多汗者，宜食浮小麦。小麦的医药功能是养心安神、除烦、益气、除热、止汗。可以治疗心神不宁、失眠、妇女脏躁、烦躁不安、精神抑郁、悲伤欲哭、自汗盗汗、小便不利、痈肿、外伤出血及烫伤等疾病。

小麦可煎汤，煮粥，制成面食常服；存放时间适当长些的面粉比新磨的面粉的品质好，民间有“麦吃陈，米吃新”的说法；面粉与大米搭配着吃最好；对妇女脏燥患者，小麦宜与大枣、甘草同食；对自汗盗汗，小麦宜与大枣、黄芪同食。

◆大麦的来历

大麦别名倮麦、牟麦、饭麦、赤膊麦，是有稃大麦和裸大麦的总称。一般有稃大麦称皮大麦，其特征是稃壳和籽粒粘连；裸大麦的稃壳和籽粒分离，称裸麦，青藏高原称青稞，长江流域称元麦，华北称米麦等。大麦按用途分为啤酒大麦、饲用大麦、食用大麦三种。在北非及亚洲部分地区喜欢用大麦粉做麦片粥。珍珠麦（圆形大麦米）是经研磨除

小麦米

大 麦

去外壳和麸皮层的大麦粒。

大麦是中国古老粮种之一，是世界上第五大耕作谷物，种植总面积、总产量仅次于小麦、水稻、玉米。大麦栽培始于埃塞俄比亚、东南亚。在埃及可追溯到公元前5000年，在美索不达米亚平原、西北欧和中国分别始于公元前3500年、公元前3000年、公元前2000年。大麦是16世纪犹太人、希腊人、罗马人和大部分欧洲人的主要粮食作物。大麦除供人类食用，一般用来制麦芽糖。啤酒主要是用大麦芽制造的。

大麦在我国是个古老的作物。早在新石器时代中期，居住在青海的古羌族就已在黄河上游开始栽培，距今已有5000年的历史。大麦具有早熟、耐旱、耐盐、耐低温冷凉、耐瘠薄等特点，因此栽培非常广泛。大麦是藏族人民的主要粮食，他们把裸大麦炒熟磨粉，做成糌粑食用。长江和黄河流域的人民习惯用裸大麦做粥或掺在大米里做饭。大麦仁还是“八宝粥”中不可或缺的原料。此外，“大麦茶”是朝鲜族人民喜欢的饮料。饮料“旭日升暖茶”的原料中也有大麦。

我国大麦主要分布在长江流域、黄河流域和青藏高原。西北和黑龙江等地啤酒大麦发展较快。我国大麦栽培分为北方春大麦区（包括东北平原，内蒙古高原，宁夏、新疆全部，山西、河北、陕西北部，甘肃和河西走廊地区。特别是西北有黄河水，祁连山和天山雪水灌溉，啤酒大麦籽粒色泽光亮，皮薄色浅，发芽率高，是我国优质啤酒大麦的基地）、青藏高原裸大麦区（包括青海、西藏全部，四川甘孜、阿坝两个藏族自治州，甘肃甘南藏族自治州，云南迪庆藏族自治州）、黄淮以南秋播大麦区（包括山东，甘肃的陇东和陇南，晋、冀、陕南部及四川盆地，云贵高原。长江流域、四川盆地以南地区是我国大麦主产区）三大生态区。

大麦可降低血液中胆固醇的含量和低密度脂蛋白的含量；对滋补虚劳、止泻、宽肠利水、小便淋痛、消化不良、饱闷腹胀有明显疗效。胃气虚弱、消化不良、肝病、食欲不振、胃满腹胀、妇女回乳时乳房胀痛等人群，宜食大麦芽。妇女在想断奶时，可用大麦芽煮汤服用，可催生落胎。用大麦芽回乳须注意：用量过小或萌芽过短者，均影响疗效。未长出芽的大麦，服后不但无回乳的功效，反而可增加乳汁。但大麦芽不可久食，尤其是怀孕期间和哺乳期间的妇女忌食，否则会减少乳汁分泌。

◆燕麦的来历

燕麦俗称油麦、玉麦，又称雀麦、野麦、莜麦、野小麦、杜姥草、牛星草、牡姓草。主要分布于我国长江、黄河流域。夏季采收成熟果实，晒干去皮壳备用。燕麦分为带稃型、裸粒型两类。世界各国栽培的燕麦以带稃型为主，常称为皮燕麦。我国栽培的燕麦以裸粒型为主，常称裸燕麦。裸燕麦的别名有很多，我国华北地区称为莜麦，西北地区称为玉麦，西南地区称为燕麦，东北地区称为铃铛麦。燕麦是一种低糖、高营养、高能食品。在《时代》杂志评出的十大健康食品中，燕麦名列第五。燕麦是世界性栽培作物，分布在五大洲 42 个国家，集中产区是北半球的温带地区。

燕麦在我国种植历史悠久，遍及各山区、高原和北部高寒冷凉地带。主要种植在内蒙古、河北、山西、甘肃、陕西、云南、四川、宁夏、贵州、青海等省区，集中产区是内蒙古自治区的阴山南北，河北省阴山和燕山地区，山西省太行山和吕梁山区，以及陕甘宁青的六盘山、贺兰山和祁连山，云贵川的大小凉山地区。燕麦需水较多，种植时宜选用苜蓿、草木犀、豌豆、蚕豆等豆科作物为前作。

去壳燕麦可以磨成粗细不同的燕麦片，或是弄软碾平做成燕麦卷。

燕 麦

在我国人民日常食用的小麦、稻米、玉米等 9 种粮食中，燕麦的价值最高。燕麦中的 B 族维生素、尼克酸、叶酸、泛酸比较丰富，特别是维生素 E。此外还含有谷类食粮中均缺少的皂甙。燕麦适宜产妇、婴幼儿、老年人以及空勤、海勤人员食用，慢性病人、脂肪肝、糖尿病、浮肿、习惯性便秘者，体虚自汗、多汗、易汗、盗汗者，高血压病、高脂血症、动脉硬化等人群食用。

燕麦可以降低人体中的胆固醇，对中老年人的心脑血管病有预防作用；燕麦粥有通大便的作用；还可以改善血液循环，缓解生活工作带来的压力；含有的钙、磷、铁、锌等矿物质有预防骨质疏松、促进伤口愈合、防止贫血的功效，是补钙佳品；含有丰富的亚油酸，对脂肪肝、糖尿病、浮肿、便秘等有辅助疗效。另外，燕麦具有益肝和胃

燕麦片

的功效，可用于肝胃不和所致的食少、纳差、大便不畅等。

◆荞麦的来历

荞麦又称三角麦、乌麦、花荞、胡荞麦、甜荞、荞子。彝族称为“额”，古代时称为莜麦、乌麦，四川称荞麦为荞子。荞麦中的苦荞最具营养价值。荞麦分为普通荞麦（甜荞麦）、苦荞麦（鞑靼荞麦）、翅荞和米荞。荞麦原产于亚洲，种子三角形，种皮坚韧，深褐或灰色。荞麦是乌克兰、白俄罗斯和波兰的主要粮食作物之一。荞麦主要生产国有中国、波兰、法国、加拿大、日本、韩国等。前苏联为世界荞麦生产大国，约占全球总播种面积的一半。中国的荞麦种植面积和产量均居世界第二位。中国荞麦在过去主要作为救灾补种、高寒作物对待，耕作粗放，产量低，产销脱节，商品率很低。

荞麦起源于中国，栽培历史悠久，是中国古代重要的粮食作物和救荒作物。已知最早的荞麦出土于陕西咸阳杨家湾四号汉墓中，距今已有 2000 多年。另外，陕西咸阳马泉和甘肃武威磨嘴子出土过前汉和后汉时的荞麦实物。农书中关于荞麦最为确切的记载见于《四时纂要》和孙思邈的《备急千金要方》。一般认为荞麦是在唐代开始普及的。我国农业古籍《农器图谱》中详细介绍了推镰的构造和功用，推镰是最早的一种收割机，而荞麦则是最早使用机械收割的作物。

荞麦清香，在我国东北、华北、西北、西南以及日本、朝鲜都是很受欢迎的食品。荞麦全身是宝。荞叶的营养也十分丰富，可用叶制作荞麦茶叶与蔬菜。荞麦的茎叶入药能益气力、降压、续精神、利耳目、降气、宽肠、健胃、治噎食、痈肿、止血、蚀恶心，适用于高血压、毛细血管脆弱性出血、防治中风、视网膜出血、肺出血。荞麦粉作保健食品能防治糖尿病、高血脂、牙周炎牙龈出血和胃病。荞麦皮历来是做枕心的好材料，长期使用荞麦皮枕头有清热、明目作用。

荞麦特别是苦荞麦，其营养价值居所有粮食作物之首，不仅营养成分丰富、营养价值高，而且含有其他粮食作物所缺乏和不具有的特种微量元素及药用成分，对现代“文明病”及几乎所有中老年心脑血管疾病，均有预防和治疗功能，因而受到各国的重视。荞麦食品是直接利用荞米和荞麦面粉加工的。荞米常用来做荞米饭、荞米粥和荞麦片。荞麦粉可制成面条、烙饼、面包、糕点、荞酥、凉粉、血粑和灌肠等风味食品。荞麦还可酿酒，酒色清澈，久饮益于强身健体。

荞麦碳水化合物含量高，除食用外，常用作家禽和其他牲畜的饲料，英国人认为荞麦特别适于用作鸡的饲料。荞麦碎粒是珍贵饲料，富含脂肪、蛋白质、铁、磷、钙等矿物质和多种维生素。用荞麦粒喂

荞 麦

家禽可提高产蛋率，也能加快雏鸡的生长速度；喂奶牛可提高奶的品质；喂猪能增加固态脂肪，提高肉的品质。荞麦是我国三大蜜源作物之一，甜荞花朵大、开花多、花期长，蜜腺发达、具有香味，泌蜜量大。荞麦田放蜂，产量可提高 20% ~ 30%。在东欧，人们将荞麦去壳煮食，称为荞麦饭。荞麦粉不宜做面包。在美国及加拿大，荞麦粉单独或与小麦粉混合用制烤饼，称荞麦饼。

荞麦面粉的蛋白质含量明显高于大米、小米、小麦、高粱、玉米面粉及糌粑。荞麦面粉含 18 种氨基酸，脂肪含量也高于大米、小麦面粉和糌粑。荞麦脂肪含 9 种脂肪酸，其中油酸和亚油酸含量最多，还含有棕榈酸、亚麻酸、柠檬酸、草酸和苹果酸等。荞麦还含有微量的钙、磷、铁、铜、锌和微量元素硒、硼、碘、镍、钴等及多种维生素。其中芦丁、叶绿素是其他谷类作物所不含有的。

荞麦因含有丰富的蛋白质、维生素，故有降血脂、保护视力、软化血管、降低血糖的功效。同时，荞麦可杀菌消炎，有“消炎粮食”的美称。荞麦适用于肠胃积滞，胀满腹痛，湿热腹泻，痢疾，妇女带下等人群。另外，苦荞含有抑制皮肤生成黑色素的物质，有预防老年斑和雀斑的作用；含有阻碍白细胞增殖的蛋白质阻碍物质；含有对儿童生长发育有重要作用的组氨酸和精氨酸。需要注意的是，一些人食用荞麦后会引起皮肤瘙痒、头晕等过敏反应。

豆类

DOU LEI

◆大豆的来历

大豆古称菽，其种子含有丰富蛋白质的豆科植物。根据大豆的种皮颜色和粒形，可以分为黄大豆、青大豆、黑大豆、饲料豆、其他大豆五类。其中，饲料豆的籽粒较小，呈扁长椭圆形，两片子叶上有凹陷圆点，种皮略有光泽或无光泽。其他大豆主要包括种皮为褐色、棕色、赤色等单一颜色的大豆。豆的角叫豆荚，豆的叶叫豆藿，豆的茎叫豆萁。黑色的叫做乌豆，可以入药，还可以做成豆豉；

大 豆

黄色的可以做成豆腐，也可以榨油或做成豆瓣酱；其他颜色的都可以炒熟食用。由于大豆的营养价值高，被称为“豆中之王”“田中之肉”“绿色的牛乳”。

大豆原产于我国。我国自古栽培，至今已有5000年的种植史。现在全国普遍种植，在东北、华北、陕、川及长江下游地区均有出产，以长江流域及西南栽培较多，东北大豆质量最优。世界各国栽培的大豆都是由我国传播出去的。我国大豆的产区有东北平原、黄淮平原、长江三角洲和江汉平原，具体分为五个主要产区，即：东北三省为主的春大豆区；黄淮流域的夏大豆区；长江流域的春、夏大豆区；江南各省南部的秋大豆区；两广、云南南部的大豆多熟区。其中，东北春播大豆和黄淮海夏播大豆是我国大豆种植面积最大、产量最高的两个地区。

大豆发酵制品包括豆豉、豆汁、黄酱及各种腐乳等。大豆的营养成份主要有蛋白质、异黄酮、低聚糖、皂苷、磷脂、核酸等。其中，植物蛋白有增强体质及降血压和减肥的功效，也可以治疗便秘，极适宜老年人食用。大豆是更年期妇女、糖尿病、心血管病患者及脑力工作者的理想食品。大豆主治疳积泻痢、妊娠中毒、疮痈肿毒、外伤出血。黄豆还能抗菌消炎，对咽炎、结膜炎、口腔炎、菌痢、肠炎有效。不过，由于大豆在消化过程中会产生过多的气体造成胀肚，因此消化功能不良、有慢性消化道疾病的人应尽量少食；患有严重肝病、肾病、痛风、消化性溃疡、低碘者应禁食；患疮痘期间，也不宜吃黄豆及其制品。

教你一小手

（1）将大豆磨成粉，与米粉掺和后可制成团子、糕饼等，也可作为豆浆、豆腐皮、腐竹、豆腐、豆干、百叶、豆芽等豆制品的原料。

（2）生大豆含有不利健康的抗胰蛋白酶和凝血酶，所以大豆不宜

大 豆

生食。夹生黄豆也不宜吃。大豆不宜干炒食用。食用大豆时宜高温煮烂，且不宜食用过多，防止消化而致腹胀。

（3）黄豆通常有一种豆腥味。如在炒黄豆时，滴几滴黄酒，再放入少许盐，这样豆腥味会少得多，或者在炒黄豆之前用凉盐水洗一下即可消除豆腥味。

（4）黄豆治疗手足抽筋疼痛的配方：黄豆 100 克，细米糠 60 克，加水煎至黄豆熟烂，一天分 2 次吃。

（5）黄豆治疗烧烫伤的配方：每天用黄豆适量煮汁服用，可加快治愈，且愈后无疤痕。

◆小豆的来历

小豆，古名荅、小菽、赤菽，别名红小豆、赤豆、赤小豆、五色豆、米豆、饭豆。我国是小豆的原产地。我国喜马拉雅山麓尚有小豆野生种和半野生种。小豆在我国栽培历史悠久。古医书《神农本草经》

中就有小豆的药用记载，《齐民要术》中详载了小豆的栽培方法和利用技术。这表明，我国种植小豆至少已有2000多年的历史。印度、朝鲜、日本等国也有小豆栽培，我国出产量为最多。红小豆的经济价值居五谷杂粮之首，故有“金豆”的美称。

全世界小豆以亚洲面积最大，非洲、欧洲及美洲也有种植。全世界共约24个国家种植小豆，除中国生产面积最大外，日本、朝鲜、韩国、澳大利亚、泰国、印度、缅甸、美国、加拿大、巴西、哥伦比亚、新西兰、非洲的扎伊尔、安哥拉等国均有一定生产面积。中国小豆主要分布在华北、东北和黄河及长江中下游地区，以河南、河北、北京、天津、山东、山西、陕西及东北三省的种植面积较大，其次是安徽、湖北、江苏和台湾等省区。

红小豆被誉为粮食中的“红珍珠”，既是营养佳品，又是食品、饮料的重要原料。小豆的营养成分主要有蛋白质、脂肪、淀粉。小豆蛋白质含量比畜产品含量高。用小豆与大米、小米、高粱米等煮粥作饭，用小豆面粉与小麦粉、大米面、小米面、玉米面等配合成杂粮面，能制作多种食品。小豆主要制作豆沙。豆沙可制作豆沙包、水晶包、油炸糕、什锦小豆粽子。小豆沙还可制作冰棍、冰糕、冰激凌、冷饮。另外，用豆沙可制成多种中西糕点，如小豆沙糕、豆沙月饼、

小　豆

豆沙春卷、豆阳羹、奶油小豆沙蛋糕等。

自古以来，小豆就被用来治病、防病。盛夏的红小豆汤，不仅解渴还能清热解暑。《本草纲目》和《中药大辞典》中分别记载了小豆的多种医药功能。小豆含有较多的皂草苷，可刺激肠胃，有通便、利尿的作用，对心脏病和肾脏病也有疗效；每天吃适量小豆可净化血液，解除心脏疲劳；还可以通气、减少胆固醇；对金黄色葡萄球菌、福氏痢疾杆菌和伤寒杆菌有明显的抑制作用。

教你一小手

豆沙加入糖，可以制作成甜食。在日本，将小豆用糖水煮熟后作成罐头。还可以将小豆粒与爆玉米花一样，做成爆裂小豆。小豆加工为豆沙有三种方法：一是将干燥的小豆磨成豆粉，筛去种皮，余下的即为细干豆沙。二为湿加工法，先将小豆浸泡，并用水煮软，再将煮

小 豆

软的小豆粒碾碎、放入冷水中使种皮与淀粉（豆沙）分离，用不同筛目的筛子或其他方法除去豆皮，最后将所得豆沙干燥保存，可制作各种食品。因红小豆种皮易溶于水，换水两次，所得豆沙为浅红色。三为在小豆煮软后，将豆粒磨碎，用离心方法将纤维等物质除去，余下部分再用水浸洗、压碎，然后得到豆沙。

◆绿豆的来历

绿豆，古名菉豆、植豆，又名文豆、青小豆，是我国人民的传统豆类食物。在炎炎夏日，绿豆汤更是老百姓最喜欢的消暑饮料。绿豆种皮的颜色主要有青绿、黄绿、墨绿三类，种皮分有光泽（明绿）和无光泽（暗绿）两种。以色浓绿而富有光泽、粒大整齐、形圆、煮之易酥者，品质最好。绿豆在我国已有两千余年的栽培史。由于它营养丰富，李时珍称其为“菜中佳品”。

绿 豆

绿豆具有非常好的药用价值，有“济世之食谷”之说。绿豆是夏令饮食的上品。盛夏酷暑，喝些绿豆粥，甘凉可口，防暑消热。小孩因天热起痱子，用绿豆和鲜荷服用，效果更好。若用绿豆、赤小豆、黑豆煎汤，既可治疗暑天小儿消化不良，又可治疗小儿皮肤病及麻疹。常食绿豆，对高血压、动脉硬化、糖尿病、肾炎有较好的治疗作用。绿豆还可以作为外用药，嚼烂后外敷治疗疮疖、皮肤湿疹。“绿豆衣”能清热解毒，有消肿、散翳、明目等作用。绿豆还有止痒作用。夏天在高温环境工作的人出汗多，水液损失很大，用绿豆煮汤来补充是最理想的方法。绿豆还有解毒作用。如遇有机磷农药中毒、铅中毒、酒精中毒（醉酒）或吃错药等，可先灌下一碗绿豆汤进行紧急处理。经常在有毒环境下工作或接触有毒物质的人，应经常食用绿豆来解毒保健。

绿豆含有蛋白质、脂肪、碳水化合物、维生素B1、胡萝卜素、菸硷酸、叶酸，及矿物质钙、磷、铁。绿豆皮中含有21种无机元素，磷含量最高。绿豆蛋白质的含量是粳米的3倍。绿豆中所含蛋白质、磷脂有兴奋神经、增进食欲的功能；绿豆中的多糖成分能增强血清脂蛋白酶的活性，防治冠心病、心绞痛，能促进体内胆固醇在肝脏中分解；有抗过敏作用，可治疗荨麻疹；含丰富胰蛋白酶抑制剂，可以保护肝脏、肾脏。绿豆适宜中毒、眼病、高血压、水肿、红眼病等患者食用。绿豆不宜煮得过烂，可与大米、小米掺和起来制作干饭、稀饭等主食，绿豆忌用铁锅煮。不过，脾胃虚弱、泄泻的人不宜多吃；服药时不要吃绿豆食品；未煮烂的绿豆腥味强烈，食后易恶心、呕吐。

绿豆汤最健康的食用方法

首先，喝绿豆汤时，不要把豆子一起吃进去，只需喝清汤。绿豆煮的时间不要太长，生绿豆加凉水煮开，旺火再煮五六分钟即可；

其次，烂熟的绿豆汤清热解毒功效最好，因此食物或药物中毒后喝，能起到排除体内毒素的作用，对热肿、热渴、痘毒等有一定疗效。

绿豆汤还有降低血压和胆固醇、防止动脉粥样硬化等作用。但体质虚弱的人，不要多喝，正在吃中药的人也不要多喝。

◆蚕豆的来历

蚕豆又叫佛豆、胡豆、南豆、马齿豆、竖豆、仙豆、寒豆、湾豆、夏豆、川豆、倭豆、罗汉豆。蚕豆按子粒大小可分为大粒蚕豆、中粒蚕豆、小粒蚕豆三种。其中大粒蚕豆宽而扁平，如四川、青海产的大白蚕豆，常作粮食、蔬菜。蚕豆按种皮颜色不同，可分为青皮蚕豆、白皮蚕豆和红皮蚕豆。江南人喜欢在立夏时节食蚕豆，因此称它立夏豆。浙江宁波人则在立夏前后，几乎家家户户都吃蚕豆，不少人家还将蚕豆跟大米饭一起煮，称为“蚕豆饭”。

蚕豆的原产地有多种说法：一说产于里海南部，二说产于非洲北部，三说产于西南亚。公元1世纪时由欧洲传入我国。相传为西汉张骞自西域引入。如今蚕豆在我国各地都有种植，以四川最多，次为云南、湖南、湖北、江苏、浙江、青海等省。我国蚕豆主要的优良品种有四川青胡豆、南翔白皮蚕豆、兴宁蚕豆、莆田蚕豆等。在我国民间词库里

蚕　豆

还产生了许多与蚕豆有关的歇后语，比如“老太太吃蚕豆——软磨硬顶”“老太太吃炒蚕豆——咬牙切齿”。

蚕豆的种子供食用;茎、叶富含氮素，为良好的冬季绿肥;花、果荚、种壳、种子及叶均可入药，有止血、利尿、解毒、消肿的功用。蚕豆的最佳适宜人群有老人、学生、脑力工作者、高胆固醇患者、便秘患者。不过，蚕豆过敏者、遗传性血红细胞缺陷症者、痔疮出血、消化不良、慢性结肠炎、尿毒症等病人，不宜进食蚕豆；儿童不宜多食蚕豆，否则易患蚕豆病。另外，蚕豆不宜与田螺同食。

蚕豆中含有调节大脑和神经组织的重要成分钙、锌、锰、磷脂等，并含有丰富的胆石碱，有增强记忆力的作用。蚕豆中的钙，利于骨骼对钙的吸收，能促进人体骨骼的发育。蚕豆中的蛋白质可预防心血管疾病。蚕豆中的维生素 C 可以延缓动脉硬化。蚕豆皮中的膳食纤维有降低胆固醇、促进肠蠕动的作用。蚕豆是抗癌食品，对预防肠癌有作用。

传统医学认为蚕豆可补中益气，健脾益胃，清热利湿，止血降压，涩精止带；主治中气不足，倦怠少食，高血压，咯血，衄血，妇女带下等病症。嫩蚕豆煮稀饭能和胃、润肠通便，对习惯性便秘有良效。蚕豆茎能止血，止泻；叶能收敛止血；花能凉血，止血；种子皮能利尿渗湿；荚壳能收敛止血。

（1）蚕豆治疗水肿的配方：蚕豆 60 克，冬瓜皮 15 克，水煎服。

（2）蚕豆治疗肺结核咯血的配方：蚕豆洗净，捣烂取汁，每次服 20 克，一天 2 次。

（3）蚕豆治疗酒醉不醒的配方:蚕豆苗适量，加油、盐煮汤，灌服。

（4）蚕豆治疗水泻的配方：蚕豆茎 30 克，水煎服。

第二章

趣谈美味蔬菜

蔬菜主要指供食用的柔嫩多汁的植物根、叶、茎、幼芽、花果以及食用菌等。蔬菜是人们生活中不可缺少的副食品，它的营养功能主要是供给人体所必需的多种维生素、无机盐、微量元素、酶及芳香物质等。蔬菜是人们日常饮食中必不可少的食物之一，人体必需的维生素C的90%、维生素A的60%来自蔬菜。此外还可补充人体中的部分热能和蛋白质，还有维持体内酸碱平衡、帮助消化、增强体质等功能。蔬菜不仅是低糖、低盐、低脂的健康食物，还能有效减轻环境污染对人体的损害。蔬菜主要包括瓜类蔬菜（如黄瓜、南瓜、冬瓜、丝瓜、苦瓜、葫芦等）、根菜类蔬菜（包括萝卜、胡萝卜、大头菜、牛蒡等）、绿叶蔬菜（包括菠菜、芹菜、莴苣、苋菜、落葵等）、茄果类蔬菜（如番茄、茄子、辣椒等）、豆类蔬菜（包括菜豆、豇豆、毛豆、扁豆、豌豆、蚕豆等）、薯芋类蔬菜（包括马铃薯、芋头、姜、山药等）、葱蒜类蔬菜（如洋葱、大蒜、分葱、韭菜、胡葱等）、水生类蔬菜（包括茭白、藕、荸荠、菱、莼菜等）、食用菌（如香菇、蘑菇、草菇、平菇、黑木耳、银耳、猴头等）。本章我们就来说一说日常生活中常见蔬菜的有趣故事、营养功能与食用方法。

叶菜类

YE CAI LEI

◆白菜的来历

白菜别名胶菜、绍菜、中国芥菜、小白菜、不结球白菜，俗称大白菜。白菜类蔬菜则指大白菜、小白菜、青菜、菜苔、油菜等，是我国主要秋冬蔬菜，营养价值主要供给维生素、矿物质与纤维素。其中油菜别名寒菜、野油菜，多食油菜对口角炎症、牙龈出血有一定疗效。白菜是人们生活中不可缺少的蔬菜，味道鲜美，营养丰富，素有“菜中之王”的美称，由芸薹演变而来。栽培面积和消费

白菜

量在中国居各类蔬菜之首。白菜种类很多，北方的大白菜有山东胶州大白菜、北京青白、天津绿、东北大矮白菜、山西阳城大毛边。北京白菜又称大白菜、结球白菜。南方品种有乌金白、蚕白菜、鸡冠白、雪里青等。黄色菜叶为主的白菜又称黄芽白菜、黄芽菜、黄芽白，有“北笋”之称。台湾白菜也是大白菜的一种。

白菜是我国原产蔬菜，有悠久的栽培历史。我国新石器时期的西安半坡原始村落遗址发现的白菜籽距今约有六千至七千年的历史了，古籍《诗经·谷风》中即有“采葑采菲，无以下体”的记载，葑又叫蔓青、芥菜、菘菜，即为白菜。唐朝时已选育出白菘，宋朝时正式称为白菜。明代以前白菜主要在太湖地区栽培，明清时期在北方得到迅速发展。同时浙江地区培育成功结球白菜（大白菜）。18 世纪中叶在北方，大白菜取代小白菜。华北、山东出产的大白菜开始沿京杭大运河销往江浙、华南。大白菜是在明朝时由我国传到朝鲜的，之后成为朝鲜泡菜的主要原料。20 世纪初的日俄战争期间，日本士兵把它带到日本。如今世界各地都引种了中国白菜。

白 菜

白菜含有蛋白质、脂肪、多种维生素和钙、磷等矿物质以及大量粗纤维。特别是白菜含较多维生素，与肉类同食，既可增添肉的鲜美味，又可减少肉中的亚硝酸盐和亚硝酸盐类物质，减少致癌物质亚硝酸胺的产生。在中国民间流传着“肉中就数猪肉美，菜里唯有白菜鲜”的俗语。白菜特别适合肺热咳嗽、便秘、肾病患者，女性也应该多吃。在切白菜时，宜顺丝切，这样白菜易熟；烹调时不宜用煮、焯、浸、烫，以免营养大量损失；大白菜在沸水中焯烫的时间不可过长，最佳的时间为20～30秒，否则烫得太软、太烂，就不好吃。

白菜有一定的药用价值，《名医别录》里说“白菜能通利胃肠，除胸中烦，解酒毒”。清代《本草纲目拾遗》中说：“白菜汁，利肠胃，除胸烦，解酒渴，利大小便，和中止嗽”，并说如配葱白、生姜、萝卜等煎汤饮，可治感冒。如捣烂、炒热后外敷脘部，可治胃病。白菜根配银花、紫背浮萍，煎服或捣烂涂患处，可治疗皮肤过敏症，尤其是面部皮肤过敏。另外生白菜汁和生萝卜汁内服，还能治煤气中毒。不过，忌食隔夜的熟白菜和未腌透的大白菜；腹泻者忌食大白菜；气虚胃寒的人忌多吃；胃寒腹痛、寒痢者不可多食；腐烂的白菜含有亚硝酸盐等毒素，不能食用。

醋熘白菜

材料：嫩白菜帮300克，水发海米2克，鲜青椒50克，湿淀粉15克，猪油50克，花椒5料，香油10克，醋、味精、蒜片、酱油各适量。

做法：白菜帮切4厘米长、2厘米宽的一字条形块，青椒切白菜块小一点的一字条块；锅内放油，加热至五成热时放入花椒粒，炸成紫红色时，捞出花椒粒不要，然后把白菜块放久内翻炒几下，再放姜丝，蒜片、海米，再炒几下，速加醋、糖、味精、精盐、鲜汤，加盖焖1

分钟后去盖，白菜断生加青椒块，翻炒几下，调好口味，用湿淀粉勾芡，点香油出锅装盘即可。

◆菠菜的来历

菠菜，别名菠薐、波棱菜、红根菜、赤根菜、波斯草、鹦鹉菜、鼠根菜、角菜、甜茶、拉筋菜、敏菜、飞薐菜、飞龙菜。菠菜原产伊朗，2000 年前已有栽培。后传到北非，由摩尔人传到西欧。我国唐代已有菠菜栽培。我国古代称菠菜为“红嘴绿鹦哥”，古代阿拉伯人称它为“蔬菜之王”。我国北方有冬季播种、春季收获的菠菜，俗称埋头菠菜。

《新唐书·西域传》记载菠菜由尼泊尔传入我国。民间传说还流

菠 菜

传着一个与菠菜有关的故事。据说，清代乾隆皇帝在江南微服出游时，在百姓家中吃到一道可口的菜。回宫后皇帝要御厨如法炮制，定菜名为“金镶白玉板，红嘴绿鹦哥”其实就是“菠菜烧豆腐”。宋朝大诗人苏东坡曾专门写了首《菠菜》诗：“北方苦寒今未已，雪底菠棱如铁甲，岂知吾蜀富冬蔬，霜叶露芽寒更茁。”

菠菜茎叶柔软滑嫩、味美色鲜，含有丰富维生素 C、胡萝卜素、蛋白质，以及铁、钙、磷等矿物质。含有大量的 β 胡萝卜素，是维生素 B6、叶酸的极佳来源。对缺铁性贫血有改善作用，能令人面色红润，光彩照人，被推崇为养颜佳品。菠菜叶中含有铬和类胰岛素物质，能使血糖保持稳定。丰富的 B 族维生素能防止口角炎、夜盲症等。大量的抗氧化剂如维生素 E 和硒元素，具有抗衰老、激活大脑功能，防止老年痴呆症的功效。

菠菜能通肠导便、防治痔疮、促进生长发育、增强抗病能力、促进人体新陈代谢、清洁皮肤、抗衰老。特别适合老幼病弱者、电脑工作者、糖尿病人（尤其Ⅱ型糖尿病人）、高血压、便秘、贫血、坏血病患者、皮肤粗糙者、过敏者食用。不过，肠胃虚寒腹泻者应少食；肾炎和肾结石患者不宜食；菠菜不宜与豆类、豆制品、木耳、虾米、海带、紫菜等同食；一次食用菠菜不宜过多。

菠菜猪血汤

材料：鲜菠菜、熟猪血各 500 克，姜片、葱段各适量。

做法：鲜菠菜洗净切段，猪血切条；将锅置火上，加猪油，将葱、姜煸香，倒入猪血煸炒，烹入料酒，煸炒至水干，加入肉汤、盐、胡椒、菠菜，煮沸后，盛入汤盆即成。此汤具有养血止血的功效，适用于贫血、出血等症患者食用。

◆韭菜的来历

韭菜，别名韭、山韭、丰本、扁菜、草钟乳、起阳草、长生韭、懒人菜。农历二月韭菜最好吃，最利于人体健康。韭菜还被称为蔬菜中的“伟哥”。韭菜原产我国，《山海经》中即有记载。经考察，野生韭菜遍及全国。韭菜在我国的栽培历史悠久，已有3000年的栽培历史，《诗经》中有“献羔祭韭”的诗句。早在2000年前的汉代，我国就已出现利用温室生产韭菜的技术。北宋时已有韭黄生产。韭菜于9世纪

韭 菜

传入日本，后传入朝鲜、越南、泰国、柬埔寨。韭菜在我国的栽培区域极广，几乎所有的省份都有栽培，是中国栽培地域最广的蔬菜之一。

佛家是不允许吃韭菜的。据说，佛祖释迦牟尼因女尼向农夫讨吃韭菜的行为不太循规蹈矩，于是就制定了禁止所有的僧尼吃韭菜、大蒜等荤辛菜的戒条。另外，我国与韭菜有关的最有名的故事就是泥店韭菜。泥店村是皖北最大的韭菜生产基地，品种有雪韭、黄韭、平韭、竹竿青、独根红等。泥店韭菜有一个动人的传说。西汉末年，王莽篡位，杀了汉平帝。当时汉平帝有一个年龄约 16 岁的儿子刘秀，王莽为斩草除根，决心杀掉刘秀。危急时刻，刘秀连夜逃出京城长安，隐名埋姓，受尽风霜饥寒，逃到安徽亳州一带，准备起兵讨伐王莽。

据说在一次王、刘大战中，刘秀兵败，军队溃散。逃跑中的刘秀慌不择路，跑了一天一夜来到亳州泥店村。他饥渴难耐，寸步难行，便爬向一家茅庵，伸手叩门，说明来意。茅庵主人夏老汉见刘秀银盔银甲，相貌堂堂，就把刘秀扶进庵中。可因家中贫穷，少饭无菜，夏老汉便到庵外割野菜烹调让刘秀充饥。刘秀一连吃了三碗野菜，方缓过神来，便问老汉这么好吃的菜是什么菜，夏老汉如实回答，刘秀便说既然是无名野菜，今天它救了自己的命，就叫“救菜”吧。随后刘秀便告辞了。

后来刘秀称帝，天下太平，一日他忽想起泥店“救菜”，便命人前去采割，并命御厨煎炸烹炒，觉得味道更加可口，便封夏氏老汉为“百户”，封地千亩，专门种植“救菜”，送皇宫食用。后来御医发现泥店“救菜”有清热、解毒、滋阴、壮阳和增进食欲等功效。刘秀得知后更加爱吃，因觉“救菜”的“救”作为菜名不合适，就更名为“韭菜”，从此“泥店韭菜”便传于后世。

韭菜的营养价值很高，富含蛋白质、碳水化合物、纤维素、胡萝卜素、尼克酸、维生素 C、钙、磷、硫化丙烯。韭菜有良好的药用价值，韭汁对痢疾杆菌、伤寒杆菌、大肠杆菌、葡萄球菌均有仰制作用。主治阳痿、早泄、遗精、多尿、腹中冷痛、胃中虚热、泄泻、白浊、经闭、白带、腰膝痛和产后出血等病症。根、叶捣汁有消炎止血、止痛之功。适用于肝肾阴虚盗汗、遗尿、尿频、阳痿、遗精、梦遗、噎隔、反胃、下痢、腹痛、妇女月经病、痛经、经漏、带下以及跌打损伤、吐血、鼻衄等症，是男女房事后最常用的食疗菜。不过，消化不良、肠胃功能较弱的人，不宜多吃；如果吃多的话，会导致轻微腹泻。

韭菜炒鸡蛋

材料：韭菜 4 两，大鸡蛋 3 只，生油 3 汤匙，生粉 2 茶匙，清水 1 汤匙，鸡粉 1/4 茶匙，麻油 1 茶匙，胡椒粉少许。

做法：韭菜洗净切小段；淀粉用水拌匀制成水淀粉，待用；将调料、韭菜、水淀粉一起拌匀；在大碗内搅散鸡蛋；炒锅烧热，放入三汤匙生油，待油热后，倒入韭菜、蛋液，快炒至凝固，即可装盘食用。

◆芹菜的来历

芹菜又称蒲芹、香芹、兰鸭儿芹、药芹、水芹、旱芹。我国华东、中南、四川、台湾等地均有栽培。原产于地中海地区和中东。古代希腊人和罗马人用于调味，古代中国用于医药。芹菜的特点是多筋，在欧洲，通常作为蔬菜煮食或作为汤料及蔬菜炖肉等的佐料；在美国，常用来做开胃菜或沙拉。我国古代曾留下许多与芹菜有关的诗词文章，比如唐代杜甫在《崔氏东山草堂》中写道：“爱汝玉山草堂静，高秋爽

芹 菜

气相新鲜。有时自发钟声响，落日更见渔樵人。盘剥白鸦谷口栗，饭煮青泥坊底芹。为何西庄工给事，柴门空闭锁松筠”。清代诗人张雄曦则专门写了首《食芹》诗：“种芹术艺近如何，闻说司宫别议科。深瘗白根为世贵，不教头地出清波”。

芹菜富含蛋白质、碳水化合物、粗纤维、灰分、维生素B、钙、磷、铁、钾、钠、镁，还含有挥发油、芹菜甙、佛手柑内酯、有机酸等。在烹饪上，芹菜与西红柿、牛肉、羊肉、核桃、豆腐、藕相宜；与虾、海米、醋、黄瓜、南瓜、蛤蜊、鸡肉、兔肉、鳖肉、黄豆、菊花、蟹、蚬、毛蚶等相克。常吃芹菜，能减少男性精子的数量，对避孕有帮助。

芹菜主治高血压，头痛，头晕，暴热烦渴，黄疸，水肿，小便热涩不利，妇女月经不调，赤白带下，瘰疬，痄腮等症；能够平肝降压、镇静安神、利尿消肿、防癌抗癌、养血补虚、头发黑亮；有助于清热解毒，祛病强身。肝火过旺，皮肤粗糙及经常失眠、头疼的人可多吃。但脾胃虚寒、肠滑不固者、血压偏低者、婚育期男士应少吃芹菜。

芹菜炒干丝

材料：芹菜 250 克，豆干 300 克，葱白、生姜各适量。

做法：芹菜洗净切去根头，切段；豆干切细丝，葱切段，生姜拍松；炒锅置旺火上，倒入花生油，烧至七成热，下姜葱煸过加精盐，倒入豆干丝再炒 5 分钟，加入芹菜一齐翻炒起锅即成。本菜适用于高血压，大便燥结等症。

◆苋菜的来历

苋菜别名青香苋、红苋菜、野刺苋、米苋、人旱菜、杏菜、荇菜、莹莹菜、玉米菜等。苋菜叶有粉绿色、红色、暗紫色，古人将其分为白苋、赤苋、紫苋、五色苋等四种；此外还有人苋、马齿苋，统称六苋。苋菜分为白苋菜、红苋菜，盛产于夏季。主要分布在中国和印度。中国自古栽培苋菜，在汉初的《尔雅》中就有栽培的记载。清代的萧雄曾在《西疆杂述诗·园蔬》中写道："几畦蔬菜不成行，白韭者葱着意尝。萝菔儿情秋色老，蔓蔷缥贮隔年香。"

苋菜富含蛋白质、脂肪、糖类及多种维生素和矿物质，其所含的蛋白质比牛奶更能充分被人体吸收，有利于强身健体，提高机体的免疫力，有"长寿菜"之称。富含易被人体吸收的钙质，对牙齿和骨骼的生长可起到促进作用；能维持心肌活动，防止肌肉痉挛；含有丰富的铁、钙和维生素 K，具有促进凝血、增加血红蛋白含量、促进造血等功效；常食可以减肥，促进排毒，防止便秘。

苋菜梗，俗称老苋菜，是制作霉菜梗的原料。发酵的苋菜汁用来做臭豆腐。苋菜主治赤白痢疾，二便不通，目赤咽痛，鼻衄等病症。苋菜子能够清肝明目，用于治疗角膜云翳、目赤肿痛。苋菜根能够凉血、解毒、止痢，用于治疗细菌性痢疾、肠炎、红崩白带、痔疮。不过，由于苋菜性寒凉，因而阴盛阳虚体质、脾虚便溏、慢性腹泻者，不宜食用；另外苋菜不宜与甲鱼同食，否则会引起中毒。

◆芥菜的来历

芥菜又叫雪菜、皱叶芥、黄芥、大芥、雪里蕻、霜不老、冲菜。芥菜类蔬菜包括九头芥、雪里蕻、细叶芥、榨菜等，食用部分为叶丛、

苋　菜

花苔、肉质茎。荞菜秋冬播种，冬季或春季收获。芥菜是我国著名特产蔬菜，欧美各国极少栽培。中国芥菜主要有芥子菜、叶用芥菜、茎用芥菜、薹用芥菜、芽用芥菜和根用芥菜6个类型。芥菜喜冷凉润湿，忌炎热、干旱，稍耐霜冻。中国南北各地均以秋播为主。长江流域、西南、华南于冬季或次春收获，北方于霜冻前收获。

芥菜类蔬菜为我国主要秋冬蔬菜。芥菜主要用于配菜炒着吃，或煮成汤，也可做饺子、馄饨等面食的馅料。另外芥菜加茴香砂、甘草肉、桂姜粉腌制后，便制成榨菜。芥菜有很高的营养价值。含有维生素A、B族维生素、维生素C、维生素D。含有的硫代葡萄糖苷，经水解后能产生挥发性的异硫氰酸化合物、硫氰酸化合物及其衍生物，具有特殊的风味和辛辣味。芥子菜的种子可磨研成末，供调味用。

芥菜具有利尿止泻，祛风散血、消肿止痛的作用。主治小便不利、腹泻、痢疾、咳血、牙龈肿痛、喉痛声哑、痔疮肿痛、漆疮瘙痒、跌打损伤、关节疼痛、寒饮咳嗽、胸膈满闷、乳痈、痔肿、冻疮等病症，

芥 菜

是民间常用的草药。但芥菜不能生食，也不宜多食。

腌制的芥菜叫雪里蕻，别名雪菜、雪里红、春不老、霜不老，是眼病患者、便秘、老年人的饮食佳品。雪里蕻的医疗功效有：含有大量的抗坏血酸（维生素 C），是能增加大脑中氧含量，有醒脑提神、解除疲劳的作用；有解毒之功，能抗感染和预防疾病的发生，促进伤口愈合；能促进胃肠消化功能，增进食欲；含有胡萝卜素和大量食用纤维素，有明目、宽肠通便的作用。但高血压、血管硬化、内热偏盛及内患有热性咳嗽、疮疡、痔疮、便血、眼疾等患者不宜食雪里蕻。雪里蕻含大量粗纤维，不易消化，因此小孩不宜多食。

肉丝炒雪里蕻

材料：雪里蕻腌菜 300 克，肉、小冬笋各 100 克。

做法：雪里蕻洗净切丝，入锅中煸干水后，装盘待用；猪肉切细丝，冬笋切丁。锅烧热后，加入菜油，油烧至五分热时，下肉丝煸炒断生味再加入小笋丁，煸炒数通。下雪里蕻同炒，酌加鲜汤，中火煮 3 ~ 4 分钟，盛入盘中即可食用。

功效：明目除烦，解毒清热，适用于眼睛红肿热痛、习惯性便秘、食欲不佳、心清烦躁者。

根菜类

◆萝卜的来历

萝卜又名莱菔、罗服、芦菔、芦葩，也称为“土人参”。萝卜是我国最古老的蔬菜之一，在古代又称雹突、紫花菘、莱菔、罗服、萝菔等，其子称为萝菔子。在古代，白菜、芜菁、油菜和萝卜统称“菘”。我国是萝卜的故乡，栽培、食用萝卜的历史悠久，早在《诗经》中就有记载。萝卜种类繁多，红萝卜性微温、白萝卜性平、青萝卜性微寒。

萝卜

我国栽培的萝卜统称为中国萝卜，明代时已遍及全国。品种极多，有红萝卜、青萝卜、白萝卜、水萝卜和心里美等。优良品种有东北大红萝卜、潍县萝卜、天津青萝卜。东北红萝卜是我国东北地区的特产，具有清热、解毒、利湿、散瘀、健胃消食、化痰止咳、顺气、利便、生津止渴、补中、安五脏等功能。包括：王兆红大萝卜、辽阳大红袍、海城灯笼红等等。潍县萝卜产于山东潍坊，民间有“烟台苹果，莱阳梨，比不上潍坊萝卜皮”的谚语。天津青萝卜，又称卫青萝卜，是沙窝萝卜、葛沽萝卜和灰堆萝卜的统称。

萝卜营养丰富，有很好的食用、医疗价值。明代医学家李时珍对萝卜极力推崇，主张每餐必食，我国民间有“小人参”的美称，而且流行着诸如“萝卜进城，医生关门”“冬吃萝卜夏吃姜，不要医生开药方”“萝卜一味，气煞太医”“吃着萝卜喝着茶，气得大夫满街爬”“冬吃萝卜夏吃姜，一年四季保安康”“萝卜上市，郎中下市”等说法。

萝卜具有消积滞、化痰清热、下气宽中、解毒等功效；主治食积胀满、痰嗽失音、吐血、衄血、消渴、痢疾、偏头痛等。生萝卜有抗癌作用；萝卜中的B族维生素和钾、镁等可促进肠胃蠕动，有助于体内废物的排除；可降血脂、软化血管、稳定血压，预防冠心病、动脉硬化、胆结石；可消积滞、化痰清热、解毒；东北红萝卜能治疗痛风；萝卜中的芥子油和膳食纤维可促进胃肠蠕动。不过，弱体质者、脾胃虚寒、胃及十二指肠溃疡、慢性胃炎、单纯甲状腺肿、先兆流产、子宫脱垂者不宜多食；萝卜主泻、胡萝卜为补，二者不要同食；服用人参、西洋参时不要同时吃萝卜。

◆胡萝卜的来历

胡萝卜又称红萝卜、甘荀，胡萝卜原产于亚洲的西南部的阿富汗，栽培历史在2000年以上。公元10世纪从伊朗引入欧洲大陆，15世纪进入英国，16世纪传入美国。约在13世纪，胡萝卜从伊朗引入中国，我国以山东、河南、浙江、云南等省种植最多。胡萝卜于 16 世纪从中国传入日本。胡萝卜的品种按色泽可分为红、黄、白、紫等种，我国栽培最多的是红、黄两种。胡萝卜营养丰富，被称作“平民人参”。

胡萝卜素有“小人参”之称，富含糖类、脂肪、挥发油、胡萝卜素、维生素 A、维生素 B_1、维生素 B_2、花青素、钙、铁等营养成分。每天吃三根胡萝卜，有助于预防心脏疾病和肿瘤。胡萝卜的营养功能主要有：含有大量胡萝卜素，有补肝明目的作用，可治疗夜盲症；含有植物纤维，吸水性强，是肠道中的“充盈物质”，可加强肠道的蠕动，从而通便防癌；维生素 A 是骨骼发育的必需物质，对促进婴幼儿的生长发育具有重要意义；胡萝卜中的木质素能消灭癌细胞；含有降糖物质，是糖尿病人的良好食品；所含的槲皮素、山标酚有降压、强心作用，是高血压、冠心病患者的食疗佳品。胡萝卜适宜癌症、高血压、夜盲症、干眼症、

胡萝卜

营养不良、食欲不振、皮肤粗糙者食用。主要注意的是：酒与胡萝卜不宜同食，会产生毒素，导致肝病；萝卜、胡萝卜不要同食。

教你一小手

地四鲜

材料：猪肉馅、茄子、土豆、胡萝卜、柿子椒、盐、鸡精、酱油、白糖、料酒、醋、香油、淀粉、葱、姜。

做法：将茄子、土豆、柿子椒改刀切成块，坐锅点火倒入适量油，下土豆炸至金黄色后，再放入茄子稍炸，最后放入胡萝卜和柿子椒炸好出锅沥干油；取一小碗，放入酱油、醋、料酒、盐、鸡精、白糖、清水、葱、姜、水淀粉调成汁备用，坐锅点火下葱姜末、猪肉馅煸炒，放入炸好的蔬菜块，浇入调成的汁炒至汁浓入味即可。

胡萝卜

◆莲藕的来历

莲藕又称藕，属睡莲科植物，它的品种有七孔藕、九孔藕两种。立秋过后，鲜藕成为人们家宴的必备菜之一。藕含丰富的单宁酸，具有收敛性和收缩血管的功能。生食鲜藕或挤汁饮用，对咳血、尿血能起辅助治疗作用。莲藕原产于印度，很早传入我国，迄今已有三千余年的栽培历史。在南北朝时代，莲藕的种植就已相当普遍。清咸丰年间，就被钦定为御膳贡品。我国江苏、浙江一带多栽培七孔藕，

莲

莲 藕

该品种肉质细嫩，鲜脆甘甜，洁白无瑕。莲的柄名荷梗，叶名荷叶及荷叶蒂，荷花蕊名莲须，果壳名莲蓬，果实为莲肉或莲子，其中的胚芽名莲心，莲的地根茎名藕。

藕生于污泥而一尘不染，中通外直，不蔓不枝，自古就深受人们的喜爱。藕分为红花藕、白花藕、麻花藕三种。红花藕含粉多，不脆嫩；白花藕肉质脆嫩多汁，甜味浓郁；麻花藕外表粗糙，含淀粉多。我国著名的藕品有:苏州的荷藕，唐代时就列为贡品，有“雪藕”之称。湖南汉寿县西竺乡的白臂藕白如玉、壮如臂、汁如蜜。广西贵县大红莲藕，生吃尤甜。据说，清朝乾隆皇帝游江南时，就指名要尝贵县大红莲藕。湖北洪湖藕驰名中外，被誉为“水中之宝”。杭州的西湖藕，由于白嫩如少女之臂，美其名曰“西施臂”。此外还有安徽的雪湖贡藕、江苏宝应的美人红、南京的大白花。

莲藕含有的营养物质主要有蛋白质、脂防、碳水化合物、粗纤维、钙、磷、铁、胡萝卜素、硫胺素、核黄素、尼克酸、抗坏血酸。其医药功能主要有：有清热凉血作用，可用来治疗热性病症；对热病口渴、衄血、咯血、下血者尤为有益；可通便止泻、健脾开胃；富含铁、钙、植物蛋白质、维生素以及淀粉，有明显的补益气血，增强人体免疫力的功效；含有大量的单宁酸，有收缩血管作用，可用来止血。藕是热病血症的食疗佳品，特别适宜高热病、吐血、高血压、肝病、食欲不振、缺铁性贫血、营养不良等患者。

莲藕在食用方面有如下注意事项：产妇不宜过早食用；藕性寒，脾胃消化功能低下、大便溏泄者不宜生吃；食用莲藕要挑选外皮呈黄褐色、肉肥厚而白的。如果发黑，有异味，则不宜食用；煮藕时忌用铁器，以免引致食物发黑。莲藕的美味食谱有瘦肉炒藕丝、虾茸炒藕丝、糖醋莲藕、藕炖排骨、藕煲猪蹄、凉拌藕丝等。鲜藕还可加工制成蜜饯藕片、凉果、果脯、藕粉。

莲藕排骨汤

材料：排骨一斤半，藕两斤，老姜、花椒、黄酒、盐各适量。

做法：先把藕放炖锅中小火炖四十分钟，或在高压锅中压二十分钟，然后放入排骨，烧沸后打去浮沫，再放料酒、花椒、老姜。沸后改小火炖一小时后，放盐再继续炖一小时即成。

◆洋葱的来历

洋葱又名球葱、圆葱、玉葱、葱头，原产于伊朗、阿富汗的高原地区。洋葱的起源已有5000多年的历史，公元前1000年传到埃及，后传到地中海地区，16世纪传入美国，17世纪传到日本，20世纪初传入我国。中国、印度、美国、日本是世界四大洋葱生产国。洋葱在我国分布很广，种植区主要是山东、甘肃、内蒙古、新疆等地。洋葱在国外被誉为“菜中皇后”。

洋葱供食用的部位为葱头。根据其皮色可分为白皮、黄皮和红皮三种。白皮种鳞茎小，外表白色，肉质柔嫩，适于生食。洋葱营养丰富，富含蛋白质、碳水化合物、钙、磷、铁、维生素C、尼克酸、核黄素、硫胺素、胡萝L素、咖啡酸、芥子酸、桂皮酸、柠檬酸盐、多糖和多种氨基酸。其花蕾、花粉、花药均含胡萝卜素。洋葱的致泪成分是环蒜氨酸。切洋葱时容易刺激眼睛，但只要在切洋葱之前把洋葱放在冷水里浸一会儿，把刀也浸湿，就不会流眼泪。洋葱特别适宜高血压、高血脂、动脉硬化等心血管疾病，糖尿病、癌症、急慢性肠炎、痢疾患者以及消化不良者食用。

洋 葱

洋葱有祛痰、利尿、健胃润肠、解毒杀虫等功能，可治食欲不振、大便不畅、痢疾、肠炎、虫积腹痛、创伤溃疡、赤白带下等病。洋葱具有发散风寒、抵御流感病毒的作用；能刺激胃、肠及消化腺分泌，促进消化；洋葱是目前所知唯一的含前列腺素 A 的食物，能扩张血管、降低血液黏度，对高血压、高血脂、心脑血管病人有保健作用；含有一种名为栎皮黄素的物质，是最有效的天然抗癌物质之一，从而具有防癌抗癌作用；含有一定的钙质，能提高骨密度，有助于防治骨质疏松；嚼生洋葱可以预防感冒。不过，洋葱一次不宜食用过多；凡有皮肤瘙痒、患有眼疾、胃病、肺胃发炎者应少吃；患有眼疾、眼部充血时，不宜切洋葱。

◆茭白的来历

茭白别名水笋、茭白笋、脚白笋、菰、菰菜、篙芭、出隧、绿节、茭首、菰首、菰笋、菰蒋子、菰手、茭笋、茭粑、茭瓜、茭耳菜、高笋。江淮地区称高瓜，南方叫高笋，原产我国。品种有白壳种、青壳种、赤壳种，分布于我国南北各省区，俄罗斯、日本也有。菰秆部未经真菌寄生的植株称野茭白，又称雄茭白、茭儿菜。茭白、莼菜、鲈鱼是江南三大名菜。明代有一首专门咏茭白的诗："翠叶森森剑有棱，柔柔松甚比轻冰，江湖岩假秋风便，如与鲈莼伴季鹰。"

茭白含蛋白质、脂肪、糖类、维生素B1、维生素B2、维生素E、胡萝卜素和矿物质等。茭白含有解酒作用的维生素，利尿止渴、解酒毒；含较多的碳水化合物、蛋白质、脂肪等，能健壮机体；能退黄疸，对于黄疸型肝炎有益。适宜高血压病人、黄疸肝炎患者、产后乳汁缺少的妇女及饮酒过量、酒精中毒的患者食用。不过，茭白不宜与豆腐

茭 白

同食，否则易形成结石。也不适宜阳痿、遗精者、脾虚胃寒、肾脏疾病、尿路结石、尿中草酸盐类结晶者、腹泻者等人群食用。

香菇炒茭白

材料：茭白 500 克，柿子椒 50 克，香菇（鲜）15 克，料酒 5 克，盐 5 克，味精 2 克，白砂糖 5 克，鸡油 25 克，花生油 40 克，姜 10 克，淀粉 10 克。

做法：将茭白剥去外部皮叶，削去内部硬皮，洗净；茭白切成柳叶片，放开水锅中烫透；青椒切成小斜块；冬菇片成两片；将茭白、青椒、冬菇，放入热油中氽透；炒锅上火，放入底油，用姜末炝锅；放入青椒、冬菇、茭白，加入料酒、精盐、白糖、味精，煸炒；放少许汤，用水淀粉勾芡，淋入鸡油，出锅装盘即可。

◆莴苣的来历

莴苣又名莴菜、生笋、白笋、千金菜。《本草纲目》上称作“千金菜”“石苣”。叶用莴苣，又称生菜；茎用莴苣，又称莴笋、香笋。莴苣茎叶中含有莴苣素，能增强胃液，增进食欲，有镇痛、催眠的作用。莴苣原产于地中海沿岸，公元前 4500 年时，莴苣在地中海沿岸栽培。16 世纪在欧洲出现结球莴苣和紫莴苣；约在 5 世纪传入我国。

在我国民间还有与莴苣有关的传说。据说五代时有一名叫卓奄的和尚，靠种菜卖钱度日。一天中午在地旁小睡片刻，忽然梦见一条金色巨龙飞临莴苣地，啮食莴苣。和尚猛醒，心想定是有贵人来临。于是抬头朝莴苣地望去，见一相貌魁梧的人正欲取莴苣。卓奄赶紧谦恭地走上前去，取了大量的莴苣馈赠给这个陌生人。此人就是宋太祖赵匡胤。赵匡胤即皇帝位后，为和尚修建了“普安道院”。

莴笋口感鲜嫩，具有独特的营养价值。能预防和治疗坏血病，和甘蓝、苦瓜、花椰菜等同是人类必须的食品。莴苣的营养成分包括：蛋白质、脂肪、糖类、灰分、维生素 A 原、维生素 B_1、维生素 B_2，微量元素钙、磷、铁、钾、镁、硅等和食物纤维，可增进骨骼、毛发、皮肤的发育。糖尿病人经常吃些莴苣，可改善糖类的代谢功能；经常食用新鲜莴苣，可以防治缺铁性贫血。

莴 苣

莴笋含钾量最高，有利于促进排尿，对高血压、心脏病患者极为有益。莴笋含有少量的碘元素，对人的心智和体格发育甚至情绪调节都有影响，具有镇静作用，能够帮助睡眠。莴苣主治利五脏、通经络、清胃热、清热、利尿，能够止腹痛、止牙血、通小便，治腰部闪伤、治阴囊肿等症。但由于莴苣中的莴苣生化物对视神经有刺激作用，会发生头昏、嗜睡的中毒反应，导致夜盲症或诱发其他眼疾，故不宜多食。

◆荸荠的来历

荸荠别称马蹄、马薯、红慈菇、蒲荠、果子（安徽无为）、乌芋、地栗、地梨、苾荠、通天草、孳瓜儿（四川）、蒲萁（安徽泾县）、钱葱（广东潮汕）、茈古（湖南邵阳）、磁米（湖南岳阳）。原产于印度，在我国主要分布于江苏、安徽、浙江、广东、湖南、湖北等地。古称凫茈，俗称马蹄。荸荠皮色紫黑，肉质洁白，味甜多汁，自古有“地下雪梨”之美誉，北方人视为江南人参。安徽无为、广西桂林、浙江余杭、江苏高邮、福建福州为著名荸荠产地。

荸荠口感甜脆，营养丰富，含有蛋白质、脂肪、粗纤维、胡萝卜素、维生素 B、维生素 C、铁、钙和碳水化合物。荸荠中含有磷，是根茎蔬菜中最高的，能促进人体生长发育和维持生理功能，同时可促进体内的糖、脂肪、蛋白质三大物质的代谢，调节酸碱平衡。适于儿童食用。

荸　荠

荸荠的球茎能清热止渴，利湿化痰，降血压。适于咽喉肿痛，口腔炎，湿热黄疸，高血压，矽肺，痔疮出血患者食用；荸荠还对于呃逆，小便不利。荸荠配合海蜇皮，能够消热祛痰，降低血压。另外，荸荠汁加鲜藕汁、梨汁、鲜芦根汁、麦冬汁，称为“五汁饮”，用于生津消热、降低血压。

荸荠具有凉血解毒、利尿通便、化湿祛痰、消食除胀等功效。荸荠中的荸荠英对金黄色葡萄球菌、大肠杆菌、产抽杆菌及绿脓杆菌均有抑制作用，对降低血压有效果。荸荠还有预防麻疹、流行性脑膜炎等急性传染病的功能。荸荠带皮蒸煮，每日服食，可治食道癌；荸荠绞汁冷服，可治咽喉肿；鲜荸荠、甘蔗煎煮，可预防流感。适宜儿童和发烧病人；嗽多痰、咽干喉痛、消化不良、大小便不利、癌症、高血压、便秘、糖尿病尿多、小便淋沥、尿路感染等患者均适宜。不过，不适宜小儿消化力弱、脾胃虚寒、血淤者食用；不可生吃，外皮和内部有可能附着较多的细菌和寄生虫。

荸 荠

果菜类

GUO CAI LEI

◆黄瓜的来历

黄瓜原名叫胡瓜，也叫青瓜、刺瓜、王瓜。栽培历史悠久，是世界性蔬菜，原产于印度北部。黄瓜是汉朝张骞出使西域时带回中原的。胡瓜更名为黄瓜，始于后赵。后赵王朝的建立者石勒，本是羯族人。他在今河北邢台登基做皇帝后，对人们称羯族人为胡人大为恼火。于是制定一条法令：无论说话写文章，一律严禁出现“胡”字，违者斩首。有一天，石勒召见地方官员，当他看到襄国郡守樊坦

黄 瓜

穿着打了补丁的破衣服来见他，很不满意。石勒问道：“樊坦，你为何衣冠不整就来朝见？”樊坦慌乱之中不知如何回答，就随口答道：“这都怪胡人没道义，把衣物都抢掠去了，害得我只好褴褛来朝。”刚说完，就意识到自己犯了禁，急忙叩头请罪；石勒见他知罪，也就不再指责。等到御赐午膳时，石勒又一次指着一盘胡瓜问樊坦：“卿知此物何名？”樊坦看出这是石勒故意在考问他，便恭恭敬敬地回答道：“紫案佳肴，银杯绿茶，金樽甘露，玉盘黄瓜。”石勒听后，满意地笑了。从此，胡瓜就被称为黄瓜。

唐朝时，黄瓜已成为常见蔬菜。黄瓜的种类很多，大致分为春黄瓜、架黄瓜和旱黄瓜。闻名全国的是外形美观、皮薄肉厚的北京刺瓜和山东宁阳刺瓜。最好的黄瓜产于黑龙江省，分旱黄瓜和水黄瓜，味道润甜。中国栽培黄瓜的类型主要有：华北型，主要分布于长江以北各省；华南型，主要分布于东南沿海各省。另外还有英国温室型、欧美凉拌生食型和酸渍加工型。黄瓜果肉可生食，所含蛋白酶有助于人体对蛋白质的消化吸收，果实可酸渍或酱渍。

黄瓜在中国古代出现在许多文人墨客的诗词文章之中。比如：唐代章怀太子有《黄台瓜词》：“种瓜黄台下，瓜熟子离离。一摘使瓜好，再摘令瓜稀。三摘犹良可，四摘抱蔓归。”宋代苏轼有《浣溪沙》：“蔌蔌衣巾落枣花，村南村北响缫车。牛衣古柳卖黄瓜，酒困路长惟欲睡。日高人渴漫思茶，敲门试问野人家。”清代吴伟业有《咏王瓜》：“同摘谁能待，离离早满车，弱藤牵碧蒂，曲项恋黄花。客醉尝应爽，儿凉枕易斜。齐民编月令，瓜路重王家。”清代黄之隽有《种王瓜篱豆诸蔬》：“终作抱瓮身，五鼎未列筵。瓜瓠如有知，为我根蔓牵。蔓则蔽苍野，根则人黄泉。以告我父母，贫贱子可怜。”

黄瓜的主要营养功能有：抗肿瘤，含有的葫芦素 C 具有提高人体免疫功能的作用，还可治疗慢性肝炎和迁延性肝炎；抗衰老，含有的

黄　瓜

维生素 E、黄瓜酶，能有效地促进机体的新陈代谢；防酒精中毒，所含的丙氨酸、精氨酸和谷胺酰胺对酒精性肝硬化有辅助治疗作用，可防治酒精中毒；降血糖，所含的葡萄糖甙、果糖等不参与糖代谢，因此糖尿病人以黄瓜充饥，血糖会降低；减肥，黄瓜中的纤维素对促进人体肠道内腐败物质的排除和降低胆固醇有一定作用；健脑安神，含有的维生素 B1，对改善大脑和神经系统功能有利，能治疗失眠症。黄瓜的食用禁忌主要有：不宜生食不洁黄瓜；不宜制馅食用；不宜多食；不宜加碱或高热煮后食用；不宜和辣椒、菠菜、西红柿同食；不宜与花菜、小白菜、柑桔同食。

◆南瓜的来历

南瓜又叫大果、金瓜、倭瓜、老倭瓜、麦瓜、饭瓜、北瓜、番瓜，叶子心脏形，花黄色，果实一般扁圆形、梨形、壶形、圆柱形。果实可做蔬菜，种子可以吃。南瓜原产于亚洲南部，世界各地均有栽培。南瓜子和瓜蒂常入药，能驱虫、健脾、下乳。我国江南地区每逢立春，家家吃南瓜，以示迎春。一些文人还在小巧的“桃南瓜”上刻画诗文或图案。

清代海盐有个名人叫张艺堂，少年好学，苦于家贫，无钱交纳学费。当时有个大学问家叫丁敬身，张艺堂欲拜他为师。第一次上师门时，身后背着个大布囊，里面装着送给老师的礼物。到了老师家，他放下沉重的布袋，从里面捧出两只大南瓜。旁人看了皆大笑，而丁敬身先生却欣然受之。在海盐一带，“南瓜礼”一直传为美谈。

南瓜在北美、欧洲普遍栽培，供食用及牲畜饲料。南瓜在欧

南 瓜

洲主要用作蔬菜，南瓜馅饼在美国、加拿大则是感恩节和圣诞节的餐后甜点。另外，南瓜在美国用作万圣节的装饰品，制作时掏去南瓜内部，刻成人面形，在里头点灯，即南瓜灯，用它来祛邪避鬼，欢度节日。印度南瓜是世界上特大型的南瓜品种，单瓜重 30 至 40 公斤。

据《滇南本草》载：南瓜性温，味甘无毒，能润肺益气，化痰排浓，驱虫解毒，治咳止喘，有治疗肺痈、便秘、糖尿病、结石、利尿、前列腺肥大，预防前列腺癌，防治动脉硬化与胃粘膜溃疡，具有美容等作用。南瓜的营养功能主要有：解毒，含有的果胶能粘结和消除体内的细菌毒素和铅、汞、放射性元素等有害物质；保护胃粘膜、帮助消化，果胶可以保护胃胶道粘膜，免受粗糙食品刺激，促进溃疡愈合；防治糖尿病、降低血糖，有“降糖降脂佳品”之誉；含有的钴能活跃人体的新陈代谢，促进造血功能，并参与人体内维生素 B_{12} 的合成，是人体胰岛细胞所必需的微量元素；消除致癌物质，能消除致癌物质亚硝胺的突变作用，能增强肝、肾细胞的再生能力；促进生长发育，含有丰富的锌，是肾上腺皮质激素的固有成分，为人体发育的重要物质；防治妊娠水肿和高血压，促进血凝及预防产后出血；能有效地保护眼睛。

南瓜含有淀粉、蛋白质、胡萝卜素、维生素 B、维生素 C 和钙、磷等，营养丰富。此外，还含有瓜氨素、精氨酸、天门冬素、葫芦巴碱、腺膘呤、葡萄糖、甘露醇、戊聚糖、果胶等。南瓜中对人体的有益成分有多糖、氨基酸、活性蛋白、类胡萝卜素及磷、镁、铁、铜、锰、铬、硼等微量元素。其中，南瓜多糖能提高机体的免疫功能；类胡萝卜素能维持正常视觉、促进骨骼发育；南瓜中高钙、高钾、低钠，特别适合中老年人和高血压患者，有利于预防骨质疏松和高血压。但南瓜中含有较多的糖分，不宜多食，以免腹胀。

南瓜饼

材料：南瓜、面粉、蜂蜜、芝麻、食用油各适量。

做法：将南瓜洗净，去掉皮和瓤后，切成块末，放入蒸锅中蒸熟捣成泥，加入蜂蜜、面粉，然后做成大小同一的圆饼，再沾上面包糠待用；锅倒入食用油，点火，到4成热时，将圆饼投入油中炸熟至呈金黄色即成。

南瓜饼

◆冬瓜的来历

冬瓜又名白瓜、白冬瓜、濮瓜、东瓜、枕冬、水芝、地芝、濮瓜。因形状如枕，又叫枕瓜，产于夏季。为何取名为冬瓜呢？这是因为瓜熟之际，表面上有一层白粉状的东西，就像是冬天所结的白霜，所以得名冬瓜。冬瓜是夏秋蔬菜品种，我国各地均有栽培。冬瓜品种较多，著名的有广东黑皮冬瓜，最大冬瓜重可达25公斤以上。瓜皮墨绿色，肉质致密。挑选冬瓜时用指甲掐一下，皮较硬，肉质致密，种子已成熟变成黄褐色的冬瓜口感好。夏天气候炎热，心烦气躁，闷热不舒服时宜食。冬瓜是一种解热利尿比较理想的日常食物，连皮一起煮汤，效果更好。

冬 瓜

冬瓜属葫芦科，原产我国南部及印度。我国民间流传着一个有趣的冬瓜故事。传说神农氏爱民如子，培育了“四方瓜”，即东瓜、南瓜、西瓜、北瓜，并命令它们各奔所封的地方安心落户，造福于民。结果，南、西、北瓜各自都到受封的地方去了，唯有东瓜不服从分配，说东方海风大，生活不习惯。神农只好让它换个地方，可它嫌西方沙多、北方怕冷、南方惧热，最后只好去了东方。神农氏看到冬瓜回心转意，便高兴地说：“东瓜，东瓜，东方为家。”东瓜立即答道：“是冬瓜不是东瓜，处处都是我的家。”神农氏说：“冬天无瓜，你喜欢叫冬瓜。愿意四海为家，就叫冬瓜吧。”于是冬瓜的名字就这样定了下来。我国宋代诗人郑清之还写有《冬瓜》一诗："剪剪黄花秋后春，霜皮露叶护长身。生来笼统君休笑，腹内能容数百人。"

冬瓜含蛋白、糖类、胡萝卜素、多种维生素、粗纤维和钙、磷、铁。营养功能主要有：利尿消肿，含维生素C较多，钾盐含量高，钠盐含量较低，高血压、肾脏病、浮肿病食之，可达到消肿的作用；减肥，所含的丙醇二酸能有效地抑制糖类转化为脂肪，有助于体形健美，可以减肥、美容；清热解暑，冬瓜性寒味甘，清热生津，僻暑除烦。还能解鱼、酒毒。适宜肾病、水肿、肝硬化腹水、癌症、脚气病、高血压、糖尿病、动脉硬化、冠心病、肥胖，以及缺乏维生素C者食用。不过，脾胃虚寒、肾虚者不宜多服；女子月经来潮期间和寒性痛经者忌食；久病与阳虚肢冷者忌食；冬瓜性凉，不宜生食。

（1）冬瓜治疗慢性肾炎的配方：冬瓜1000克，鲤鱼1条（约重300克），不加盐，煮汤食。

冬瓜

（2）冬瓜治疗暑天感冒的配方：鲜冬瓜 150 克，粳米 100 克。将冬瓜去皮瓤切碎，加入花生油炒，再加适量姜丝、豆豉略炒，和粳米同煮粥食用。每日 2 次。

（3）冬瓜治疗肝硬化、腹水的配方：冬瓜 1000 克打碎煮烂，纱布过滤去渣取汁，每次 60 毫升，每日 3 次饮服，可减轻症状。

（4）冬瓜治疗高血压、头痛眼花的配方：冬瓜 500 克，鲩鱼头 250 克，先用油煎鱼头至金黄色，放入冬瓜，加清水适量，文火炖 4 小时，加食盐调味食用佐膳。每日 2 次。

（5）冬瓜治疗肺热咳嗽、痰黄稠的配方：鲜冬瓜 500 克，鲜荷叶 1 张。加适量水炖汤，吃盐调味后饮汤吃冬瓜，每日 2 次。

◆丝瓜的来历

丝瓜又称蛮瓜、水瓜、天丝瓜、天罗瓜、布瓜、绵瓜、天吊瓜、倒阳菜、絮瓜、天络瓜等。我国各地均有栽培，其中我国的特殊品种“粤丝瓜”，栽培于广东、广西等地。丝瓜完全老化成熟后晒干，可用于刷锅洗碗。丝瓜原产于东南亚（南洋），明代引种到我国。丝瓜不宜生吃，可捣汁涂敷患处；丝瓜汁水丰富，宜现切现做；烹制丝瓜时应注意尽量保持

丝　瓜

清淡，油要少用，用味精或胡椒粉提味；丝瓜的味道清甜，烹煮时不宜加酱油、豆瓣酱等酱料。

丝瓜所含各类营养在瓜类食物中较高，含有诸如皂甙类物质、丝瓜苦味质、黏液质、木胶、瓜氨酸、木聚糖和干扰素等特殊物质以及蛋白质、脂肪、碳水化合物、钙、磷、铁、维生素 B1、维生素 C 等营养素。丝瓜中维生素 C 可用于抗坏血病，维生素 B1 利于小儿大脑发育及中老年人保持大脑健康；对乙型脑炎病毒有明显预防作用。丝瓜藤茎的汁液能美容去皱。丝瓜含防止皮肤老化的 B 族维生素，能保护皮肤、消除斑块，使皮肤洁白、细嫩，是不可多得的美容佳品，因而丝瓜汁又称为“美人水”。

丝瓜的药用价值最高，全身都可入药。主治清热化痰、凉血解毒，解暑除烦、通经活络、妇女乳汁不下、内痔大便出血、百日咳、麻疹、咽喉炎、腮腺炎、哮喘、肺痈、疝气疼痛、产后腹痛等病症。月经不调、身体疲乏、痰喘咳嗽、产后乳汁不通的人宜多吃丝瓜；体虚内寒、腹泻者不宜多食；丝瓜性寒滑，多食易致泄泻；不可生食。

丝瓜炒蛋

材料：丝瓜两根，鸡蛋两只，蒜茸、姜丝、小葱、胡椒粉、香油、盐、鸡精各适量。

做法：将丝瓜去皮，洗净切菱形块待用；鸡蛋打入碗中，放少许盐、胡椒粉、小葱花，用筷子将其搅拌均匀；点火，在锅里放油，待 4 成热的时候，下少许姜丝、蒜茸煸炒一会，倒入调好的蛋液，滑炒片刻取出待用；在锅内放油，等 4 成热时下少许姜丝、蒜茸煸炒一会，把丝瓜放入，炒1、2分钟左右加滑炒好的鸡蛋，放适量盐、胡椒粉，炒到丝瓜变软的时候，加鸡精、葱花、香油翻炒起锅，装盘即可。

◆苦瓜的来历

苦瓜别名锦（金）荔枝、癞葡萄、癞蛤蟆、红姑娘、凉瓜、君子菜，以味得名，广东人称为凉瓜；苦瓜形如瘤状突起，又称癞瓜；瓜面起皱纹，似荔枝，又称锦荔枝。原产于印度东部，属于葫芦科。它的茎、叶、花和果实都很奇特，可作观赏植物栽培。苦瓜虽苦，但与其他食材搭配时并不会将苦味渗入其中，所以被称为“君子菜”。

日本、东南亚栽培历史悠久，17世纪传入欧洲，仅供观赏，不作食用。我国明代以前的医书没有记载苦瓜，只是从明代的《救荒本草》《本草纲目》开始记载。苦瓜是明太祖时三宝太监郑和下西洋时，从南洋群岛移植过来的。我国两广、福建盛产苦瓜。苦瓜以色青末黄熟时才好吃。广东人喜欢以苦瓜切片，晒干贮存，作药用。苦瓜肉质脆嫩，

苦 瓜

苦味适中，清香可口，炒食、煮食、焖食、凉拌、泡菜、饮料均可。民间的古瓜美味有凉瓜炒田鸡、凉瓜排骨。

苦瓜的营养物质主要有蛋白质、胡萝卜素、维生素B、维生素C，是瓜类蔬菜中含维生素C最高的，在蔬菜中仅次于辣椒。在医药上有增进食欲、明目、助消化、清凉解毒、利尿和治疗糖尿病等疗效。主治中暑、暑热烦渴、暑疖、痱子过多、目赤肿痛、痈肿丹毒、烧烫伤、少尿等病症。苦瓜的维生素C具有预防坏血病、保护细胞膜、防止动脉粥样硬化、提高机体应激能力、保护心脏等作用；苦瓜具有一定的抗癌作用；苦瓜中的苦瓜素被誉为“脂肪杀手”。苦瓜煮水擦洗皮肤，可清热、止痒、祛痱；苦瓜、鸡蛋同食能保护骨骼、牙齿及血管，能治疗胃气痛、眼痛、感冒、伤寒和小儿腹泻呕吐等。苦瓜浆汁或苦瓜甙有降低血糖的作用。苦瓜适宜糖尿病、癌症、痱子等患者；脾胃虚寒者不宜食用；不要一次吃过多的苦瓜。

苦瓜炒腊肉

材料：苦瓜300克，腊肉150克，姜丝15克，蒜末10克，红辣椒10克，高汤30克，料酒10克，胡椒粉少许，生粉10克，盐与味精各适量。

做法：腊肉切片，用温水浸泡15分钟，苦瓜洗干净切片，红辣椒切段；食油旺火起锅，先把姜丝、蒜末、辣椒段置入锅中，炒出香味之后，再投入腊肉，翻炒一阵，烹入料酒，这时候再加入苦瓜片、高汤、胡椒粉、盐与味精，炒至只剩少许汤汁，勾点生粉即可。

◆豇豆的来历

豇豆又名中国豆、羊角、豆角、角豆、饭豆、腰豆、长豆、裙带豆、浆豆、江豆、黑眼豆、带豆。起源于非洲尼日利亚，后传到印度、中东。豇豆分为长豇豆、饭豇豆两种。长豇豆作蔬菜食用，李时珍称“此豆乃豆中之上品”。嫩荚可炒食、凉拌、泡食或腌渍晒干，种子可代粮和做馅料，营养丰富。豇豆在我国栽培历史悠久，主要产地有河南、山西、陕西、山东、广西、河北、湖北、安徽、江西、贵州、云南、四川及台湾。

豇豆的来历还有个动人的故事。据说豇豆荚原来是单生的，有一年发生洪水，一位姑娘舍生忘死抢救豇豆种子，忽见一小伙子抱着一根木头被水冲来，奄奄一息。姑娘把小伙子救起，将豇豆咬烂，口对口喂他，使小伙子恢复了健康。此事感动了土地神，他亲自做媒，使

豇　豆

姑娘和小伙子喜结良缘，并令豇豆成对成双的并生。因此豇豆是爱情的象征。阿拉伯人就把豇豆当作爱情的象征，小伙子向姑娘求婚，总要带上一把豇豆。而且新娘子到男家，嫁妆里也少不了豇豆。

豇豆品种很多，根据荚的皮色分为白皮豇、青皮豇、花皮豇、红皮豇等。豇豆种子含大量淀粉、脂肪油、蛋白质、烟酸、维生素 B_1、B_2。鲜嫩豇豆含抗坏血酸。豇豆种子入药，主治脾胃虚弱、泻痢、吐逆、消渴、遗精、白带、白浊、小便频数。而且能够治蛇咬伤，方法是将豇豆、山慈姑、樱桃叶、黄豆叶捣烂外敷。豇豆叶子有清热解毒的作用。

豇豆含蛋白质、脂肪、淀粉、磷、钙、铁，维生素 B_1、B_2，烟酸等成分。所含 B 族维生素能维持正常的消化腺分泌和胃肠道蠕动的功能；所含维生素 C 能促进抗体的合成，提高机体抗病毒的作用；豇豆的磷脂有促进胰岛素分泌，参加糖代谢的作用，是糖尿病人的理想食品。尤其适合糖尿病、肾虚、尿频、遗精患者；但气滞便结者应慎食。豇豆不宜烹调时间过长，以免营养损失。

豇豆炒西红柿

材料：豇豆 250 克，西红柿 1 个，葱花少许，味精、白醋、盐各适量。

做法：新鲜豇豆摘洗干净，切成一寸半左右的段，西红柿切成小块。中火起油锅，用葱花炝锅，先把西红柿炒一到二分钟，加盐和适量白醋，把豇豆倒进去同炒，加少量水，改大火翻炒，用白醋和盐调好酸咸度，至豇豆炒熟就关火，加少量味精拌匀即可。

◆扁豆的来历

扁豆又名南扁豆、沿篱豆、蛾眉豆、凉衍豆、羊眼豆、膨皮豆、茶豆、南豆、小刀豆、树豆、藤豆。种子白色、紫黑色、红褐色。白扁豆有一定的抗癌功效，健脾、益气、化湿、消暑；黑扁豆古名“鹊豆”；红褐色扁豆在广西民间称“红雪豆”，用作清肝、消炎药，治眼生翳膜。嫩荚是普通蔬菜，种子可入药。扁豆起源于亚洲西南部和地中海东部。世界约有40个国家栽培扁豆，亚洲生产最多，我国主产区是山西、陕西、甘肃、河北、河南、云南等省。

扁豆的营养相当丰富，包括蛋白质、脂肪、糖类、钙、磷、铁及食物纤维、维A原、维生素B_1、维生素B_2、维生素C和氰甙、酪氨酸酶等，此外还有磷脂、蔗糖、葡萄糖。扁豆衣的B族维生素含量特别

扁 豆

丰富。扁豆中还含有血球凝集素，可增加脱氧核糖核酸和核糖核酸的合成，有显著的消退肿瘤的作用。肿瘤患者宜常吃扁豆。

扁豆主治脾胃虚热、呕逆、霍乱吐泻、烦渴、酒醉呕吐、妇女白带，特别适宜脾虚便糖、饮食减少、慢性久泄、妇女脾虚带下、小儿消化不良、癌症病人、夏季感冒挟湿、急性胃肠炎、消化不良、暑热头痛头昏、恶心、烦躁、心腹疼痛等患者食用。但是患寒热病、患疟者不可食用。另外，扁豆含有毒蛋白、凝集素以及能引发溶血症的皂素。所以扁豆一定要煮熟后才能食用，否则会出现食物中毒。

干煸扁豆

材料：肉末 150 克，扁豆 400 克，干辣椒 4 个，老抽 1 大勺，榨菜末、花椒、蒜粒、盐、味精各适量。

做法：扁豆两头撕去老筋，掰成两节，洗净，控干。烧热 250 克油，放入扁豆，炸到扁豆表皮起皱时，用笊篱捞出控净油。另取锅烧热，用 1 大勺油爆香干辣椒、花椒、榨菜、蒜粒，倒入老抽、扁豆翻炒，扁豆熟透时关火，放盐和味精，炒匀。

◆辣椒的来历

辣椒又叫番椒、海椒、辣子、辣角、秦椒、牛角椒、红海椒、大椒、辣虎。果实通常成圆锥形、长圆形；未成熟时呈绿色，成熟后变成鲜红色、黄色、紫色，以红色最常见。辣椒的果实因果皮含有辣椒素而有辣味。辣椒中维生素 C 的含量在蔬菜中居第一位。辣椒能增进食欲。

辣　椒

辣椒原产于中南美洲热带地区，原产国是墨西哥。15 世纪末，哥伦布发现美洲之后把辣椒带到欧洲。明代时，辣椒传入中国。清代学者陈淏子的著作《花镜》中即有番椒的记载。辣椒变种很多，主要有：指天椒（又叫长柄椒）、簇生椒（又叫朝天椒）、小指椒（又叫象牙辣椒、细长辣椒）、长辣椒。

辣椒被四川人称为海椒，是在明末从美洲传入中国的，名曰“番椒”，最初只是作为观赏作物，明代《草花谱》中记载了“番椒”。最初吃辣椒的中国人都在长江下游。辣椒最先从江浙、两广传进来，但却在长江上游的西南地区广泛种植起来。清代嘉庆后，黔、湘、川、赣已经“无椒芥不下箸也，汤则多有之”“择其极辣者，且每饭每菜，非辣不可。”伟大领袖毛泽东主席即非常爱吃辣椒，还留下了“越辣越革命”的名言。

辣椒的辣可谓五花八门。1912 年，美国帕克戴维斯药厂的制药师斯维科尔发明了一种测定辣度的方法，即通过测定辣椒中辣椒素含量，将辣的程度分为 0 ~ 30 万单位不等，这种方法一直沿用至今。没有辣味的西班牙甜辣椒辣度为 0 单位，以前墨西哥的哈巴涅拉辣椒辣度为 30 万单位，被认为是世界上最辣的辣椒。不过，如今印度东北部山区盛产的一种辣椒，由于奇辣无比，被人称为“魔鬼辣椒”，其辣度超过100万单位，被最新确认为世界上最辣的辣椒。辣的程度与辣椒的颜色有一定关系，一般红色辣椒要比绿的辣，绿的则比紫色、黄色、黑色辣椒辣。

辣椒的果实、根和茎枝可以入药。其果温中散寒，健胃消食，能够医治胃寒疼痛、胃肠胀气、消化不良；外用则可治疗冻疮、风湿痛、腰肌痛。辣椒的根能够活血消肿，外用时可治冻疮。辣椒中含有丰富的维生素C、胡萝卜素、叶酸、镁及钾。其营养功能主要有：有助于缓解动脉粥样硬化；辣椒中的辣椒素具有抗炎、抗血液中脂蛋白的氧化作用，有助于降低心脏病；能增加人体的能量消耗，帮助减肥；辣椒素有助于预防和治疗胃溃疡；可降低血液中的胆固醇；预防胆结石，常吃青椒能预防胆结石；红辣椒能防治乳癌；改善心脏功能，降血糖；

辣椒

花 椒

缓解皮肤疼痛。另外，红辣椒已被用以治疗咳嗽、感冒、鼻窦炎和支气管炎。因红辣椒中含有“番辣椒素”，它能清除鼻塞。

辣椒素只能与脂肪、油类及酒精相结合，最好的缓解辣味的食物是牛奶，尤其是脱脂牛奶。除了辣椒之外，胡椒、姜、蒜、芥末等都是辣味的，但它们的功效和辣椒却有些区别。姜中的姜辣素可以促进血液循环，使面色红润；大蒜中的大蒜素，具有降血压、降血脂、降血糖和抗癌的功效;洋葱中的二烯丙基二硫化物,具有消毒杀菌的功效。

食用辣椒时有如下注意事项：体形偏瘦的人在冬季应少吃辣椒，否则吃多了会引起诸如肺气过盛、咽喉干痛、两眼红赤、鼻腔烘热、口干舌痛、烂嘴角、流鼻血、牙痛等“上火”症状；甲亢患者过量吃辣椒可加重症状；肾炎患者不宜食用辣椒；慢性胃肠病、痔疮、皮炎、结核病、慢性气管炎及高血压患者，均应少吃。而诸如十二指肠溃疡、急性胃炎、肺结核、痔疮、眼部疾病（红眼病、角膜炎）、患慢性胆囊炎、肠胃功能不佳、热症（发热、便秘、鼻血、口干舌燥、咽喉肿痛等）、产妇、口腔溃疡患者等，均应忌食辣椒。

在辣椒家族中，有一种土生土长的中国辣椒——花椒，历史上又称花椒为川椒、汉椒、巴椒、秦椒、蜀椒等。因此，明朝末年从外国引进的被命名为辣椒、海椒，及来自于西域的胡椒的命名，可能均依据花椒而得名。花椒原野生于秦岭山脉海拔 1000 米以下地区，现分布全国各地，华北、西北南部为主要产地。

吃花椒是中国人的老传统，更是四川人的老传统。距今 1600 多年晋朝的《华阳国志 · 蜀志》中即记载有：蜀人“尚滋味，好辛香”。花椒原产地是中国,是中国特有的香料。早在《诗经》中便提到“椒”，《诗经 · 周颂》中有：“有椒其馨，胡考之宁”。作为中药，花椒用途相当广泛，我国最早的药学著作《神农本草经》中即记载了花椒的作用。《本草纲目》说，花椒可“久服头不白，轻身增年”。

辣椒油的做法

材料：干辣椒、油、姜、蒜、盐各适量。

做法：辣椒洗干净，用开水泡软待用；姜、蒜去皮，姜拍烂；辣椒放搅拌机里，放姜、蒜，适量的盐，加适量的水搅碎待用；锅里放大量的油，把油烧热，辣椒放入锅里，中火慢慢炸辣椒熟透，大概要半小时，一边搅一边炸，要不容易沾锅，做好后，放凉，装瓶即可。

◆西红柿的来历

西红柿又称番茄、洋柿子、小金瓜、番李子、金橘、番柿、六月柿、喜报三元。原产于中美洲和南美洲，是一种营养丰富的食品。番茄的老家在秘鲁和墨西哥，原先是一种生长在森林里的野生浆果。当地人最初把它当作有毒的果子，称为“狼桃”，只用来观赏，无人敢食。据记载，后来英国的俄罗达拉里公爵去南美洲游历时把它带回英国，作为稀世珍品献给他的情人伊丽莎白女王。此后，西红柿便有了“爱情果”的美名。直到 18 世纪，才有人冒险吃了番茄。相传，有一位法国画家看到番茄如此诱人，于是冒着中毒致死的危险，壮着胆子吃下了一个，并穿好衣服躺在床上等死。然而过了半天也未感到身体有什么不适，从此西红柿的食用功能就被发现了。

西红柿的品种极多，按果的形状可分为圆形的、扁圆形的、长圆形的、尖圆形的；按果皮的颜色分为大红的、粉红的、橙红的和黄色的。西红柿含有丰富的胡萝卜素、维生素 C 和 B 族维生素，尤其是维生素 C 含量居所有蔬菜之冠。西红柿是全世界栽培最为普遍的果菜之

西红柿

一。美国、苏联、意大利和中国为主要生产国。西红柿是明代时传入中国的，当时也是作为观赏植物种植的。1621 年的《群芳谱》中记载："番柿，一名六月柿，茎如蒿，高四五尺，叶如艾，花似榴。来自西番，故名。"直到清代末年，我国人民才开始食用西红柿。

西红柿被称为神奇的菜中之果，有"长寿果"之美誉。据营养学家研究，每人每天食用 50 ~ 100 克鲜番茄，即可满足人体对几种维生素和矿物质的需要。番茄含的"番茄素"，有抑制细菌的作用；含的苹果酸、柠檬酸和糖类，有助消化的功能；富含的维生素 A 原，能促进骨骼生长，防治佝偻病、眼干燥症、夜盲症；维生素 C 提高肌体抗癌能力。西红柿的营养功能主要有：清热解毒，生津止渴，养阴凉血，对发热烦渴、口干舌燥、牙龈出血、胃热口苦有疗效；降脂降压，利尿排钠，所含维生素 C、芦丁、番茄红素及果酸，可降低血胆固醇，预防动脉粥样硬化及冠心病；抗血凝聚，防脑血栓。患冠心病及中风的病人每天适量饮用番茄汁有益康复；防癌抗癌，延缓衰老，所含番茄红素具有独特的抗氧化作用，可有效地减少胰腺癌、直肠癌、口腔癌、乳腺癌的发生；防白内障，对夜盲症有一定效果；美容护肤，治皮肤病，还对消除狐臭有一定作用；维护性功能，女性多吃番茄可激发性欲和激情。

西红柿

西红柿适宜于热性病发热、口渴、食欲不振、习惯性牙龈出血、贫血、头晕、心悸、高血压、急慢性肝炎、急慢性肾炎、夜盲症和近视眼者食用；其食用禁忌主要有：不宜生吃，尤其是脾胃虚寒及月经期间的妇女；不宜空腹吃，所含的某种化学物质与胃酸结合易形成不溶于水的块状物，食之会引起腹痛；不宜吃未成熟的青色番茄，因含有毒的龙葵碱；不宜长时高温加热，因番茄红素遇光、热和氧气容易分解，失去保健作用；急性肠炎、菌痢及溃疡病人不宜食用。另外，忌与石榴同食；忌与虾蟹类同食，与大虾同吃，会生成砒霜，有剧毒；不宜和黄瓜同时食用；服用肝素、双香豆素等抗凝血药物时，不宜食用；服用新斯的明、加兰他敏时，禁忌食用。

教你一小手

西红柿炒鸡蛋

材料：西红柿 500 克，鸡蛋 2 个，植物油 50 克，白糖 25 克，精盐 5 克，水淀粉 15 克。

做法：把西红柿洗净，去蒂，切成象眼块；鸡蛋打入碗内，加入精盐，少许搅匀，用热油炒散；将炒锅放入油，烧热后放入西红柿、鸡蛋搅匀加入白糖、精盐，再搅炒几下，烧开后勾芡即成。

◆花生的来历

花生别名落花生、落生、长寿果、长果、番豆无花果、地果、唐人豆。现在有一种彩色花生，又称多彩花生、多色花生、五彩花生。彩色花生主要分为富硒黑花生、白玉花生、珍珠花生等品种，有黑色、雪白、白底红花纹、黑底黄花纹、黄底黑花纹等颜色。花生有助于延年益寿，所以民间又称“长生果”，和黄豆一起被誉为“植物肉”“素中之荤”。

花生起源于南美洲热带、亚热带地区。约于16世纪，花生传入我国，现在全国各地均有种植，主要分布于辽宁、山东、河北、河南、江苏、福建、广东、广西、四川等省区。花生是100多种食品的重要原料，可以制成花生酥、各种糖果和糕点。花生种子富含油脂，从花生仁中提取油脂呈淡黄色，芳香宜人，是优质食用油。

玻利维亚南部、阿根廷西北部和安底斯山山麓的拉波拉塔河流域，可能是花生的起源地。欧洲文献中最早记载花生的是西班牙的《西印度自然通史》。中国有关花生的记载始于元末明初贾铭所著的《饮食须知》。花生的主要生产国以印度、中国的栽培面积和生产量最大，其他国家有塞内加尔、尼日利亚、美国。中国花生主产区为山东、辽宁东部、广东雷州半岛、黄淮河地区以及东南沿海的海滨丘陵和沙土区。其中山东省产量约占全国总产量的1/3。福建龙岩花生，香酥可口，是国内花生的优质品种。

花 生

花 生

花生是一种高营养食品，含有蛋白质 25% ~ 36%，脂肪含量可达 40%，还含有丰富的维生素 B_2、A、D、E，钙和铁，以及卵磷脂、蛋白氨基酸、胆碱和油酸、落花生酸、脂肪酸、棕榈酸等。花生也是一味中药，中医认为花生适用于营养不良、脾胃失调、咳嗽痰喘、乳汁缺少等症。花生的叶子、花生衣、壳、花生油等，都可以作为药用。花生的内皮含有抗纤维蛋白溶解酶，可防治各种外伤出血、肝病出血、血友病等。

花生以炖吃为最佳，其医药功能主要有：花生中的维生素 K 有止血作用，花生红衣的止血作用比花生高出 50 倍；含有维生素 E 和锌，能增强记忆，抗老化，滋润皮肤；含有的维生素 C 能降低胆固醇，防治动脉硬化、高血压和冠心病；微量元素硒和白藜芦醇可以防治肿瘤类疾病，降低血小板聚集。适合病后体虚、手术病人恢复期以及妇女孕期产后进食。将花生连红衣一起与红枣配合使用，最适合身体虚弱的出血病人。

花生的食用禁忌主要有：胆囊切除者、消化不良者、高脂血症患者、跌打淤肿者，不宜吃花生；生食过多，易引起腹泻；炒食过多，易于燥火，使眼、口、鼻干燥；痰湿较甚、肠滑腹泻者不宜食用；花生炒熟后，止血作用大减；炒熟或油炸后，不宜多食；胆病患者、患血黏度高或有血栓的人不宜食用；不能和黄瓜一起吃；霉变的花生千万不要吃。

教你一小手

（1）花生治血小板减少的配方：花生米（连衣）炒食，每日 3 次，每次 60 克，7 天为一个疗程。

（2）花生治高血压的配方：花生米浸醋中，7 日后食用，每天早晚各吃 10 粒。

花生仁

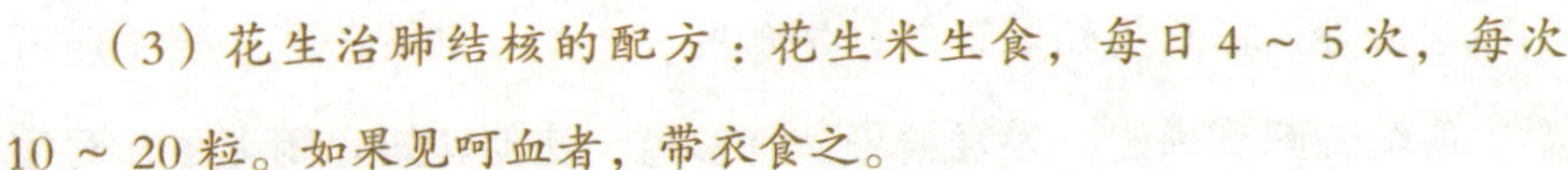

（3）花生治肺结核的配方：花生米生食，每日 4 ~ 5 次，每次 10 ~ 20 粒。如果见呵血者，带衣食之。

（4）花生治久咳的配方：花生去嘴尖，文火煎汤服用。

（5）花生治乳汁少的配方：花生米 90 克，前猪脚 1 只，共炖服。

（6）花生治胃酸过多的配方：食花生米，每日 3 次，每次 20 ~ 30 粒。2 ~ 3 星期为一个疗程，可使胃酸分泌明显减少。

（7）花生补浆的配方：花生、甜杏仁、黄豆各 15 克。加水共研磨成浆，滤取浆液，清晨或早、晚煮熟饭用。亦可将三者研为细末，临用时加水煮熟服。用于肺痨或久咳肺燥；脾胃虚弱，消化不良，消瘦乏力等。

（8）花生甜杏泥的配方：花生 100 克，甜杏仁 50 克。共捣烂成泥状。每次用 20 克，蜂蜜适量，用开水冲服。用于久咳短气、干咳痰少。

（9）花生炖猪脚的配方：猪脚 2 个，除去蹄甲和毛后，洗净；药生 150 克。加水适量，水火炖熟，加猪脂、食盐调味服食。用于产后乳汁缺乏。

（10）花生红枣汤的配方：花生 120 克，大枣 30 克。加水煎服。用于贫血、血小板减少性紫癜、血友病等。

◆茄子的来历

茄子别名落苏、酪酥、昆仑瓜、矮瓜、吊菜子。有白茄、紫茄、墨茄等品种。最早产于印度，公元 4 ~ 5 世纪传入中国，南北朝栽培的茄子为圆形，元代培养出长形茄子；清朝末年引入日本。我国宋朝诗人郑清之写有《咏茄》诗："青紫皮肤类宰官，光圆头脑作僧看，如何缁俗偏同嗜，入口元来总一般"。而清朝大文人朱彝尊则写了名为《临江仙引 · 咏茄》的词："陇上紫瓜好，黛痕浓抹，露实低悬。趁朝日，畦丁密酒冰泉。桑边，看长蒂剪，垒垒绽叶底光圆。筠篮满、饷白牛萧寺，赤马吴船。筵前，生疏蜀客，犀箸催下茫然。笑千庞万粟，许配芳鲜。蝉娟，爱轻墉染，香衫色，比似花妍。闲无事，写家蔬添个，小蝶新蝉”。

另外《笑林广记》中还记载了一则有趣的茄故事。一位厨师在一家菜馆打工，东家一日三餐供他下饭的都是咸菜，而东家园子中许多长得又肥又嫩的茄子，却从来不给他吃一次。天长日久，咸菜吃腻了，厨师忍无可忍就题诗写道：“东家茄子满园烂，不予先生供一餐”。不想从此以后，东家天天顿顿让厨师吃茄子，连咸菜的影子也不见了，最后厨师吃怕了，只好续诗告饶：“不料一茄茄到底，惹茄容易退茄难”。

茄子的营养较丰富，含有蛋白质、脂肪、碳水化合物、维生素以及钙、磷、铁等。特别是维生素 P 的含量很高。维生素 P 能使血管壁

茄 子

保持弹性和生理功能，保护心血管、抗坏血酸，能防止微血管破裂出血，所以经常吃些茄子，有助于防治高血压、冠心病、动脉硬化和出血性紫癜。此外还有防治坏血病、促进伤口愈合的功效。茄子含有龙葵碱，能抑制消化系统肿瘤，对于防治胃癌有一定效果。

茄子具有清热止血，消肿止痛的功效；用于热毒痈疮、皮肤溃疡、口舌生疮、痔疮下血、便血、衄血等。对于容易长痱子、生疮疖的人，尤为适宜。吃茄子不要去皮，茄子皮里面含有维生素 B。需要注意的是：消化不良、容易腹泻的人，不宜多食；茄子秋后其味偏苦，便溏者不宜多食；手术前也尽量不吃茄子；老茄子，特别是秋后的老茄子含有较多茄碱，对人体有害，不宜多吃。

鱼香茄花

材料：嫩茄子 400 克，胡萝卜 10 克，青椒 10 克，川椒 10 克，色拉油 750 克，湿淀粉 10 克，碘盐 5 克，酱油 8 克，味精 4 克，白糖 10 克，醋 5 克，料酒 5 克，红油 10 克，葱姜蒜各 3 克。

做法：茄子去蒂洗净去皮，切成两半，剞十字花刀，再改成 5 厘米的段。胡萝卜、青椒、川椒、葱、姜切丝，蒜切片。碗内放酱油、盐、糖、醋、料酒、味精、湿淀粉、少许汤对成汁待用。勺内放油烧七八成热，放入改刀的茄花炸成金黄色捞出沥油，装盘。勺内放少许底油，烧热，放葱姜蒜炝锅，再放入胡萝卜丝、川椒丝、青椒丝略炒，倒入对好的汁，炒熟成流芡，加红油，烧淋在茄花上即可。

花菜类

HUA CAI LEI

◆西兰花的来历

西兰花又名绿菜花、茎椰菜、青花菜、绿花菜、西兰花菜、绿花椰菜。原产于欧洲地中海沿岸的意大利，19 世纪末传入中国。西兰花营养丰富，含蛋白质、糖、脂肪、维生素和胡萝卜素，被誉为“蔬菜皇冠”，是蔬菜中的精品。在《时代周刊》杂志推荐的十大健康食品中排名第四。有些人皮肤一旦受到小小的碰撞就会变得青

西兰花

西兰花

一块紫一块，这是因为体内缺乏维生素K。补充的最佳途径就是多吃西兰花。

西兰花中的营养成分，主要包括蛋白质、碳水化合物、脂肪、矿物质、维生素C和胡萝卜素、钙、磷、铁、钾、锌、锰等。西兰花的维生素C含量最丰富，其抗癌作用全世界认可。西兰花的抗癌作用，主要归功于其中含有的硫葡萄糖甙，长期食用可以减少乳腺癌、直肠癌、胃癌的发病几率。西兰花还能增强肝脏的解毒能力，能有效控制糖尿病的病情。

西兰花可补肾填精、健脑壮骨、补脾和胃；主治久病体虚、耳鸣健忘、脾胃虚弱、小儿发育迟缓等症。秋季西兰花的营养含量最高。需要加以注意的是：西兰花常有残留的农药，还易生虫，所以在吃之前，可将菜花放在盐水里浸泡几分钟；吃的时候要多嚼，这样利于营养吸收；

在焯西兰花时，时间不宜太长；西兰花焯水后，应放入凉开水内过凉，捞出沥净水再用，烧煮时间不宜过长，否则会破坏防癌抗癌的营养成分。

清炒西兰花

材料：西兰花400克，大蒜15克，淀粉5克，盐2克，鸡精5克，水90毫升。

做法：把西兰花洗净，适当切块，放到沸水里烫熟，捞出装盘待用；大蒜洗净包好，制成蒜蓉，用水、淀粉、盐、鸡精调成水淀粉备用；干净的炒锅中，放入已经调好的淀粉水，文火轻轻搅拌到透明状；撒下蒜蓉立即关火出锅，淋在已经装盘摆好的西兰花上即可。

清炒西兰花

食用菌类

SHIYONGJUNLEI

◆食用菌的来历

食用菌一般是指真菌中能形成大型子实体或菌核并能供食用的种类，统称为“大型经济真菌”。食用菌主要包括香菇、草菇、蘑菇、猴头、竹荪、松口蘑（松茸）、口蘑、红菇、牛肝菌、羊肚菌、马鞍菌、块菌、黑木耳、毛木耳、银耳、金耳、牛舌菌、灵芝、茯苓、平菇、金针菇、双孢菇、大肥菇、鸡腿菇、滑菇、凤尾菇、小平菇等。银耳，又名白木耳，具有补肾壮脑、强精滋阴、提神、营血、

食用菌

强壮、清热润肺、生津、止咳、润肠益胃、补气强心等功效。木耳，即黑木耳，有凉血、活血、止血、益胃、润燥的功效。香菇，又名香蕈、冬菇，有滋阴、润肺、养胃、活血益气、健脑强身等功效。猴头菇，又名猴菇，有利五脏、助消化、补虚损的功效。

食用菌喜欢温暖湿润，多生长在森林地带，也可人工栽培。浙江磐安县盛产香菇，是中国的“香菇之乡”。我国人民食用食用菌的历史悠久，早在公元前 239 年的《春秋》中即记载了食用菌之美味。在 2000 多年前野生菌就成为珍贵的宫廷宴品。我国是食用菌栽培最早的国家，有 1400 多年，公元前 960 年即有吴三公砍花栽培香菇的记载。我国古籍《齐民要术》《本草纲目》《菌谱》中都有食用菌的记载。

中国广泛栽培的食用菌有蘑菇、香菇、草菇、木耳、银耳、平菇、滑菇等 7 类。有些食用菌生长在枯树干或木段上，如香菇、木耳、银耳、平菇、猴头、金针菇和滑菇；有些生长在草本植物的茎秆和畜、禽的粪上，

食用菌

蘑 菇

如蘑菇、草菇；还有的与植物根共同生长，如松口蘑、牛肝菌等。

食用菌不仅味美，而且营养丰富。如香菇不仅含有各种人体必需的氨基酸，还具有降低血液中的胆固醇、治疗高血压的作用。香菇、蘑菇、金针菇、猴头中含有增强人体抗癌能力的物质。科学家预言，21 世纪食用菌将发展成为人类主要的蛋白质食品之一。菇类含有人体必需的八种氨基酸，其中蘑菇、草菇、金针菇中赖氨酸含量丰富，有利于儿童体质和智力发育。菇类含有多种维生素和多种具有生理活性的矿质元素，如维生素 B_1、维生素 B_{12}、维生素 C、维生素 K、维生素 D 及磷、钠、钾、钙、铁和许多微量元素。

食用菌的药用保健价值有：抗癌作用，多糖体能刺激抗体的形成。栗蘑中富含有机硒，可作补硒食品，几乎可以防止一切癌变；抗菌、抗病毒作用；降血压、降血脂、抗血栓、抗心律失常、强心；健胃、助消化作用；止咳平喘、祛痰作用；利胆、保肝、解毒；降血糖；通便利尿；免疫调节功能。

教你一小手

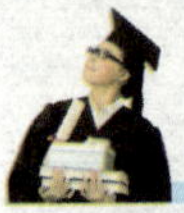

蘑菇炖小鸡

材料：小仔鸡 750 ～ 1000 克，蘑菇 75 克，葱、姜、干红辣椒、大料、酱油、料酒、盐、糖、食用油各适量。

做法：将小仔鸡洗净，剁成小块；将蘑菇用温水泡 30 分钟，洗净待用；坐锅烧热，放入少量油，待油热后放入鸡块翻炒，至鸡肉变色放入葱、姜、大料、干红辣椒、盐、酱油、糖、料酒，将颜色炒匀，加入适量水炖 10 分钟左右后倒入蘑菇，中火炖三四十钟即成。

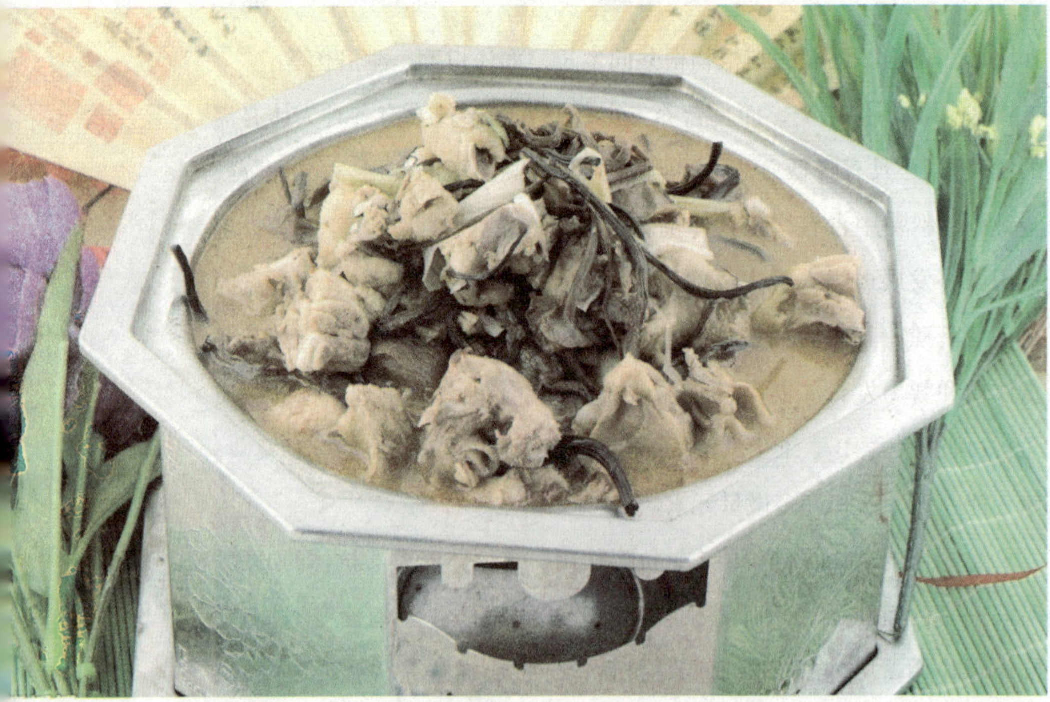

小鸡炖蘑菇

第三章

漫谈甜香水果

水果与蔬菜的成分不同。新鲜水果的主要成分是维生素C、有机酸及无机盐，还有少量的糖。水果与蔬菜提供的营养素并不相同，不能互相替代。据营养专家分析，新鲜大枣维生素 C 的含量是一般蔬菜和其他水果含量的 30 ~ 100 倍；酸枣的含量更高。红黄色水果，如杏、柿子等均含有较多的胡萝卜素。葡萄和红枣中，含有较高的碳水化合物，葡萄中以葡萄糖为主，可以直接吸收利用，此外还含有十几种氨基酸是营养价值较高的果品。另外，水果中也含有较多的 Ca、P、Fe、Cu、Mn 等无机元素。水果中蛋白质含量不到 1.5%。有的水果，如葡萄、杏、梨和柿子等不含脂肪或含量极少。每天食用适量的水果，是滋养身心的最佳方法。水果一般分为浆果类（包括葡萄、草莓、香蕉、番石榴及木瓜等）、仁果类（如苹果、梨等）、核果类（如桃、梅、李、杏、龙眼、荔枝、樱桃、枣及芒果等）三类。另外水果还有热性水果（热量高、糖分高的水果，如大枣、山楂、樱桃、石榴、荔枝、青果、榴莲、木瓜、橘、柑、白果等）、凉性水果（如西瓜、甜瓜、梨、柑、桔、香蕉、桑堪、柿子等）、中性水果（如葡萄、苹果、桃、杏、菠萝、龙眼、甘蔗、乌梅等）之分。本章我们就来列举、介绍一些常见水果的来历、故事与营养功能。

瓜 类

GUA LEI

◆西瓜的来历

西瓜别名水瓜、夏瓜、寒瓜、青登瓜。西瓜之名出自元、明间的《日用本草》《食疗本草》等古籍。果实有圆球、卵形、椭圆球、圆筒形，表皮绿白、绿、深绿、墨绿、黑色，间有细网纹或条带。果肉有乳白、淡黄、深黄、淡红、大红等色。肉质分紧肉和沙瓤。种子扁平、卵圆或长卵圆形。

西瓜原产于非洲，堪称瓜中之王，因在汉代时从西域引入，故称西瓜。西瓜的由来，说法不一。有的说西瓜是在神农尝百草时发现的，原名稀瓜，是水多肉稀的瓜之意，后来演变说成西瓜。另一种说法是

西 瓜

于西域传来，故名西瓜。早在四千年前，埃及人就种西瓜，后来逐渐北移，最初由地中海沿岸传至北欧，而后进入中东、印度等地，公元四五世纪时，由西域传入我国。南宋的文天祥曾写有《西瓜吟》一诗："拔出金佩刀，斫破苍玉瓶。千点红樱桃，一团黄水晶。下咽顿除烟火气，入齿便作冰雪声。"

明代李时珍在《本草纲目》中记载："西瓜又名寒瓜，按胡峤于回纥得瓜种，名曰西瓜。则西瓜自五代时始入中国，今南北皆有"。宋代欧阳修的《新五代史·四夷附录》说：五代同州郃阳县令胡峤入契丹"始食西瓜"，"契丹破回纥得此种，以牛粪覆棚而种，大如中国冬瓜而味甘"。于是，西瓜从五代时由胡峤自西域传入中原内地。不过也有人推测西瓜是由"海上丝绸之路"传入中国的。汉武帝曾派人员乘海船去西方国家"市明珠、璧流离、奇石、异物"。于是非洲的西瓜就经过斯里兰卡或南洋群岛传入我国。比如1976年广西贵县西汉墓、1980年江苏扬州邗江县汉墓中所出土的西瓜籽即是佐证。

西瓜可分为普通西瓜、瓜子瓜、小西瓜。我国是世界上最大的西瓜产地。我国目前的西瓜产地分为南北两地。南方以海南岛为主要产

西 瓜

区，北方以山东为主要产区，主要集中在鲁西北地区的德州、聊城等地，其中以德州西瓜最为出名。常见的西瓜种类有：黑美人，椭圆形，瓜小，瓜皮纯黑色；无籽西瓜，圆形，瓜皮花条；花皮西瓜，椭圆形，瓜大，瓜皮浅绿和深绿相间；特小凤，圆形，瓜皮花条，黄瓤。旧北京曾称先上市的西瓜为“水瓜”，后上市的为“寒瓜”。

西瓜生食解暑热，有“天生白虎汤”之称。民间谚语云：“夏日吃西瓜，药物不用抓”。西瓜果肉富含蛋白质、葡萄糖、蔗糖、果糖、苹果酸、瓜氨酸、谷氨酸、精氨酸、磷酸、内氨酸、丙酸、乙二醇、甜菜碱、腺嘌呤、萝卜素、胡萝卜素、番茄烃等。其种子中富含脂肪油、蛋白质、维生素 B2、淀粉、戊聚糖、丙酸、尿素、蔗糖等。

西瓜堪称“瓜中之王”，果皮、果肉、种子都可食用、药用。籽壳及西瓜皮制成“西瓜霜”供药用，可治口疮、口疳、牙疳、急性咽喉炎。西瓜果肉有清热解暑、解烦渴、利小便、解酒毒等功效，用来治热症、暑热烦渴、小便不利、咽喉疼痛、口腔发炎、酒醉。西瓜子有清肺润肺功效，可治吐血、久嗽。籽壳可治肠风下血、血痢。西瓜根叶煎汤可治腹泻和肠炎；用西瓜皮绿色部分煎汤代茶，是很好的消暑清凉饮料。西瓜皮，中医称西瓜翠衣，可治闪腰岔气、口唇生疮、肾炎水肿、肝病黄疸、糖尿病。新鲜的西瓜汁和鲜嫩的瓜皮可以增加皮肤弹性，减少皱纹，增添光泽。

但西瓜属甘寒之品，患有慢性肠炎、胃炎、糖尿病、十二指肠溃疡病、脾胃虚寒的人不宜多食。寒积冷痛或小便频数者慎食。肾功能不全的人，也不宜一次吃大量西瓜。糖尿病患者应少食。西瓜忌与羊肉同食。西瓜是夏令瓜果，冬季不宜多吃。另外不要吃刚从冰箱里拿出来的西瓜。

西瓜皮卤肉

材料：西瓜皮 1 00 克，五花肉 250 克，八角 3 克，酱油适量。

做法：五花肉洗净切块，西瓜切小段后去皮（红肉部分可以多留一些）待用；将西瓜皮、五花肉放入锅中，加适量水、八角、酱油，用中火炖 30 ~ 40 分钟即可。

◆甜瓜的来历

甜瓜别名香瓜，原产于非洲热带沙漠地区，秦汉时期随西瓜一同传到我国，在明朝的时候开始广泛种植。如今我们所食用的新疆哈密瓜、兰州密瓜、美国密瓜及皱皮瓜，在古代统称为“甜瓜”。从湖南马王堆西汉古墓女尸胃内即发现甜瓜子，这说明我国栽培甜瓜应有 2000 年以上的历史。

甜瓜根系发达，果实有圆球、椭圆球、纺锤、长筒等形状，成熟的果皮有白、绿、黄、褐色，且附有各色条纹和斑点。果肉有白、桔红、绿黄等色，有浓郁的香气。甜瓜的种类主要有网纹甜瓜、硬皮甜瓜、冬甜瓜、观赏甜瓜（看瓜）、柠檬瓜、蛇形甜瓜（菜瓜）、香瓜和越瓜。我国通常又把甜瓜分为厚皮甜瓜、蒲皮甜瓜两种。

甜瓜果实香甜，富含苹果酸、葡萄糖、氨基酸、甜菜茄、维生素 C 等，对感染性高烧、口渴等有很好的疗效，可消除口臭。尤其适宜夏季烦热口渴者、口鼻生疮者、中暑者食用。其营养功效主要有：含有的碳水化合物、柠檬酸，可消暑清热、生津解渴、除烦；含有的转化酶可将不溶性蛋白质转变成可溶性蛋白质，能帮助肾脏病人吸收营养。根据古医书记载，甜瓜性甘且寒，《本草纲目》指出它能“止渴、除烦热、利小便”。热咳的人，即喉痛声沙、痰黄的人最宜食用甜瓜。

甜瓜的根、茎、叶、花、果、果蒂、果皮、种子均可药用。果肉性寒无毒，清热利尿、止渴，可治暑热、发烧、中暑、口渴、小便不利、口鼻生疮；茎可治鼻中息肉；叶可治头癣，可生发；花可治心痛咳逆，外用可治毒疮；皮可治热病、烦渴、牙痛；甜瓜蒂在《神农本草经》中被认为上品之药，可治食物中毒、急慢性肝炎、肝硬化；蒂中的葫芦素 B 能保护肝脏，甜瓜蒂含苦毒素，具有催吐作用；种子可散结消瘀、清肺化瘀、润肠、排脓，可治腹内结聚、大便不畅、驱杀蛔虫丝虫等作用；瓜秧可以解毒消肿，治痔疮肿毒、痔漏管瘤、脏毒滞热。

甜瓜的饮食禁忌有：吐血、咳血、十二指肠及胃溃疡、慢性肠炎、脾胃虚寒、寒积腹胀或腹痛、小便频数、心脏病等患者慎用；出血及体虚者，脾胃虚寒、腹胀便溏者忌食；不宜与田螺、螃蟹、油饼等共同食用。另外，瓜蒂有毒；生食过量，也会中毒，引起消化不良或腹痛腹泻。比如，《食疗本草》中记载：“多食令人阴下湿痒，生疮，脚手无力”，《本草纲目》中说：“瓜性最寒曝而食之尤冷”。

甜 瓜

柑橘类

GAN JU LEI

◆柑橘的来历

柑橘包括橙子、柚子、柠檬、广柑、蜜橘等。原产中国，有4000多年的栽培史。早在夏朝，我国的江苏、安徽、江西、湖南、湖北等地生产的柑桔，已列为贡品。柑桔起源于我国云贵高原。15世纪，葡萄牙人把甜橙带到地中海沿岸栽培，当地称为“中国苹果”。1821年，英国人来我国采集标本，把金柑带到了欧洲。1892年，美国从我国引进椪柑，叫“中国蜜桔”。

湖南石门种植柑桔悠久，早在两千多年前，伟大爱国诗人屈原就写下了《桔颂》名篇。《史记·苏秦传》中记载：“齐必致鱼盐之海，楚必致桔柚之园”。唐宋时代，柑橘产区域分布与我国现代柑桔分布范围大致相同。宋代欧阳修的《新唐书·地理志》中列举了四川、贵州、湖北、湖南等地，向朝廷纳贡柑桔的事。古代还留下许多柑桔的诗句，如唐代诗人岑参写道：“庭树纯栽桔，园畦半种茶”，韦应物写有：“怜君卧病思新桔，试摘犹酸亦未黄”，及“一年好景君须记，最是橙黄橘绿时”。

家中来客，主人在茶杯中放两颗“青果”或“金橘”，俗称“元宝茶”，意为祝客人新春吉祥如意。历史上还流传着橘叶治病的故事。传说两千年前西汉文帝时，桂阳有位名叫苏耽的医生，医术高明。有一年，流行一种疫病，苏耽告其母：“庭中井水，檐边橘树，井水一升，橘叶一枝，可疗一人。”他母亲照他所说的办法治愈了不少病人。后来

柑橘

中药店里所悬挂的“橘井泉香”字样的匾额，便来源于此。

世界第一部柑桔专著，是南宋韩彦直的《桔录》，记载了真柑、生枝柑、海红柑、洞庭柑、朱柑、金柑、木柑、甜柑、橙子、黄桔、塌橘、包桔、绵桔、沙桔、荔枝橘、软条穿桔、油桔、绿桔、乳桔、金桔、自然桔、早黄桔、冻桔、朱栾、香栾、香圆、枸橘等27种柑桔。柑桔嫁接，早在战国时代已载入典籍。我国柑橘主产区有浙江、福建、湖南、四川、广西、湖北、广东、江西、重庆和台湾等地。

柑橘类水果含有类黄酮、单萜、香豆素、类胡萝卜素、类丙醇、吖啶酮、甘油糖脂质等，可谓全身是宝，其果肉、皮、核、络均可入药。橘子的外果皮晒干后叫陈皮；橘核可用来治疗疝气、腰痛；橘根、橘叶具有舒肝、健脾、和胃等功能。柑橘之所以呈桔红色，因为富含维生素A，能减少肝炎患者的慢性病毒性肝炎发展成肝癌的风险；最主要的功能就是治疗肠胃问题，可调和肠胃、帮助排气；常用来治疗坏血病、夜盲症、皮肤角化、呕吐胃寒、胸闷胁痛、肋间神经痛、疝气、乳汁不通、睾丸肿痛等症。不过，每天别超过3个，吃多了反而对口腔、牙齿有害；摄入过多，会使手掌、手指、足掌、鼻唇沟及鼻孔边缘发黄；不要与萝卜、牛奶同食。

浆果类

JIANG GUO LEI

◆葡萄的来历

葡萄别名草龙珠、蒲桃、山葫芦、李桃等，《汉书》作蒲桃。圆葡萄名草龙珠，长葡萄名马乳葡萄，白葡萄名水晶葡萄，黑葡萄名紫葡萄。葡萄是当今世界上人们喜食的第二大果品，产量及栽培面积一直居于首位。其果实除食用外，主要用于酿酒、葡萄汁、葡萄干和罐头等食品。葡萄有“水果之神”的称号。在西方古老的传说中，葡萄是由乐善好施的神带到人间的。葡萄是地球上最古老的植物之一，是人类最早栽培的果树之一。大约一百万年前，葡萄树就在地中海沿岸生长，法国南部的普罗旺斯地区是葡萄的起源地。美洲葡萄是由最早的殖民者传入的。

葡萄原产于欧洲、西亚和北非。最早栽培葡萄的地区是小亚细亚的里海和黑海之间及其南岸地区。七千年前，南高加索、中亚细亚、叙利亚、伊拉克等地开始栽培葡萄。历史学家认为伊朗是最早酿造葡萄酒的国家。欧洲最早种植葡萄、酿造葡萄酒的国家是希腊。我国栽培葡萄已有两千多年历史，相传为汉代张骞从西域引入，主要产于新疆、甘肃、山西、河北、山东等地。我国葡萄品种约有25种，著名的有龙眼、黑鸡心、瓶儿、牛奶、驴奶、西营葡萄、白玛瑙、黑玛瑙、紫玫瑰、白鸡心等品种；引入的品种有粉红太妃、卡拉斯玫瑰、保尔加尔、葡萄园皇后、玫瑰香、无核黑、巨峰、零丹等。

我国古代文学中有许多有关葡萄的诗词，比如唐代王翰的《凉州词》:“葡萄美酒夜光杯，欲饮琵琶马上催。醉卧沙场君莫笑，古来征战几人回。”清代吴伟业的《葡萄》:“百斛明珠富，清阴翠幕张。晓悬愁欲坠，露摘爱先尝。色映金盘果，香流玉碗浆。不劳葱岭使，常得进君王。”清代陈维崧的《青玉案·夏日怀燕市葡萄》:“风窗冰碗谁消暑？记百颗，堆盘处。掬罢盈盈娇欲语。轻明晶透，芳鲜圆绽，小摘西山雨。”

葡萄总体上分为酿酒葡萄、食用葡萄两类。酿酒葡萄分为酿造白葡萄酒、酿造红葡萄酒、调色调香三大品种。我国著名的食用葡萄有新疆马奶葡萄、河北白牛奶葡萄、山东龙眼葡萄、四川绿葡萄。“提子”是香港、海南、上海等地对葡萄的别称。红色葡萄叫“红提”，黑色葡萄叫“黑提”，绿色葡萄叫“青提”。

葡萄全身是宝，葡萄皮能够改善过敏症状，葡萄果肉能够增强心脏机能，葡萄干能够清肠，葡萄叶能够缓解静脉出血，葡萄汁能够保

葡 萄

葡 萄

护肝脏、葡萄籽能够护肤养颜。葡萄中含有矿物质钙、钾、磷、铁以及多种维生素 B_1、B_2、B_6、C 和 P 等，含有多种人体所需的氨基酸，常食葡萄对神经衰弱、疲劳过度大有补益。葡萄干是妇女、儿童和体弱贫血者的滋补佳品。葡萄还具有防癌、抗癌的作用，葡萄汁有抗病毒的作用。

葡萄中含具有抗恶性贫血作用的维生素 B_{12}，常饮红葡萄酒益于治疗恶性贫血；葡萄酒有抗动脉粥样硬化的作用，可减少冠心病引起的死亡;葡萄中的葡萄糖、有机酸、氨基酸、维生素很丰富，对治疗神经衰弱和消除过度疲劳有效。葡萄适宜肾炎、高血压、水肿、儿童、孕妇、贫血、神经衰弱、过度疲劳、体倦乏力、未老先衰、肺虚咳嗽、盗汗、风湿性关节炎、四肢筋骨疼痛、癌症等患者食用。但糖尿病、便秘、脾胃虚寒者，不宜多食。

教你一小手

拔丝葡萄

材料：葡萄 250 克，鸡蛋 3 枚，干淀粉、面粉、白糖各适量，花生油 500 毫升。

做法：葡萄洗净，放入开水略烫后取出，剥皮剔籽，沾上面粉；把鸡蛋清打入碗内，搅打成蛋白糊，再加入干淀粉拌匀；锅放火上，倒入花生油烧至五成热，改用小火维持油温，将葡萄挂蛋白糊后，放人油锅慢炸，至浅黄色时倒入漏勺沥油；取净锅放火上，放入适量清水，加入白糖，炒至糖变色能拉出丝时，倒入炸好的葡萄，挂匀糖浆，起锅装入抹上一层芝麻油的盘内，配凉开水食用。

◆桑椹的来历

桑椹又叫桑果、桑枣、桑葚、桑实、乌椹。在两千多年前，桑椹已是皇帝的御用补品，又被称为“民间圣果”。桑椹有黑白两种，鲜食以紫黑色为上品。桑椹含有丰富的活性蛋白、维生素、氨基酸、胡萝卜素、10多种氨基酸及钙、磷、铁、铜、锌等，具有补肝益肾、滋阴

桑 葚

养血、黑发明目、祛病延年的功效；能提高人体内酶的活性，有延缓细胞衰老的作用，因此被誉为“二十一世纪的最佳保健果品”。

桑椹有改善皮肤血液供应，营养肌肤，使皮肤白嫩、乌发等作用；是中老年人健体美颜、抗衰老的良药；常食桑椹可以明目，缓解眼睛疲劳、干涩的症状；可防止人体动脉硬化、骨骼关节硬化，促进新陈代谢；对治疗糖尿病、贫血、高血压、高血脂、冠心病、神经衰弱等病症有辅助功效。女性、中老年人及过度用眼者更宜食用。

桑椹具有补肝益肾、生津润肠、乌发明目、止渴解毒、养颜等功效；适用于阴血不足、头晕目眩、盗汗及津伤口渴、消渴、肠燥便秘等症，以及补肝益肾、治疗死精症。不过在食用时需要加以注意：未成熟的不能吃；熬桑椹膏时忌用铁器；过量食用后容易发生溶血性肠炎；少年儿童不宜多吃桑椹；脾虚便溏者亦不宜吃桑椹；糖尿病人应忌食；忌与鸭蛋同食。

◆柿子的来历

柿子原产于中国，栽培已有一千多年的历史。中国、日本、韩国和巴西是主要产地。东方柿在中国、日本是广泛种植的果树，19 世纪传入法国和地中海各国，后传入美国。美洲柿原产于美洲，树形矮小。柿子的品种有 1000 多个，主要分为甜柿、涩柿子两类，前者来自日本。我国著名的品种有河北、北京一带的磨盘柿、莲花柿、甜心柿，山东的牛心柿、耿饼柿、铃灯柿、鸡心柿、红柿、干帽柿、马奶头、绵柿、大红袍柿、罗田甜柿等。

催熟柿子的方法有多种，农村一般用石灰水浸泡，这样获得的脱涩果品脆一些，北方人称为“懒柿子”。另外柿子饼是我国的特产，其中黄桂柿子饼还有个动人的故事。相传李自成称王西安后，临潼老百

柿子

姓用火晶柿子拌上面粉，烙成柿子面饼慰劳义军，很受义军将士欢迎。后来，每年柿子熟了，临潼百姓家家户户都要烙些柿面饼吃，来纪念李自成及义军。天长日久，就演变成今天的黄桂柿子饼。

柿子的功效大于苹果，堪称有益心脏健康的水果王，含有丰富的蔗糖、葡萄糖、果糖、蛋白质、胡萝卜素、维生素 C、瓜氨酸、碘、钙、磷、铁。新鲜柿子含碘很高，能够防治地方性甲状腺肿大。柿子有清热润肺，生津止渴，健脾化痰的功效，用于治疗肺热咳嗽、口干口渴、呕吐、泻泄。柿子含有大量的纤维、矿物质和石炭酸，可预防动脉硬化；还含有丰富的维生素 C，可促进体内废物排泄。新鲜柿子有凉血、止血作用;柿霜润肺，可用于咽干、口舌生疮等;柿蒂有降逆止的作用;柿饼和胃止血；柿叶有止血作用。

柿子有一些需要特别注意的食用事项：吃后不可喝凉水，不可生气、哭闹；忌与螃蟹、白薯、红果同吃；不要空腹吃柿子，柿子宜在饭后吃；食柿应尽量少食柿皮；贫血患者应少吃；患有慢性胃炎、排空延缓、消化不良、胃大部切除、糖尿病等患者不宜食用；最好不要在晚上食用。

教你一小手

（1）柿子治高血压、慢性支气管炎干咳、咽痛的配方：柿饼 3 枚（去蒂），清水和冰糖适量，蒸至柿饼绵软后食用。

（2）柿子治干咳咯血、久痢便血、小便带血的配方：柿饼 3 枚去蒂切小块，大米 100 克，同煮粥，用冰糖或白糖调味食用。

（3）柿子治地方性甲状腺肿的配方：未成熟的青柿子 1000 克，洗净去柄，切碎捣烂，以洁净纱布绞汁放在锅中，先以大火烧沸，后以文火煎熬浓缩至稠粘时，加入蜂蜜 1 倍，再煎至浓稠时停火，待冷装瓶备用。每次 1 汤匙，沸水冲饮，每日 2 次。

（4）柿子治泌尿道感染、血尿的配方：柿饼 2 枚，灯心草 6 克，同煮汤，加白砂糖调味饮用，每日 2 次。

（5）柿子治小儿百日咳的配方：柿饼 1 枚，去皮生姜 4 克，先将柿饼横切成两半，生姜切碎夹在柿饼内，以文火焙熟，去姜吃柿饼或用柿饼 15 克，罗汉果 1 个，水煎服，每日 2 ~ 3 次。

◆香蕉的来历

香蕉别名甘蕉、芎蕉，香蕉起源于东南亚、中国，是世界上最古老的栽培植物之一，远在 3000 ~ 4000 多年前已被发现，主产区为中南美洲和亚洲。世界香蕉的主要生产地有中美洲和西印度群岛的哥斯达黎加、洪都拉斯、危地马拉、墨西哥、巴拿马、多米尼加、牙买加和马提尼克，南美的巴西、哥伦比亚和厄瓜多尔，非洲的埃塞俄比亚、喀麦隆、几内亚和尼日利亚，以及我国的台湾、海南。香蕉又被称为“智慧之果”，传说是因为佛祖释迦牟尼吃了香蕉而获得智慧。

我国是世界上栽培香蕉的古老国家之一，国外的香蕉品种大多由我国传入。我国台湾、广东、广西、福建、四川、云南、贵州等地均有栽培，以台湾、广东最多。我国栽培的有甘蕉、粉蕉两种。我国广东以湛江、茂名、中山、东莞、广州、潮州为主产区；广西以灵山、浦北、玉林、南宁、钦州为主产区；福建主要集中在漳浦、平和、南靖、长泰、诏安、华安、云霄、龙海、厦门、南安、莆田、仙游等地。

香蕉香甜味美，富含碳水化合物、蛋白质、脂肪、粗纤维、无机盐、维生素 A 原（胡萝卜素）、维生素 B1、维生素 B2、维生素 C 以及维生素 U 等，且含有相当多的钾和镁。钾能防止血压上升及肌肉痉挛；镁

香 蕉

香　蕉

能消除疲劳。维生素A能促进生长，维持正常的生殖力和视力；硫胺素能抗脚气病，促进食欲、助消化，保护神经系统。香蕉营养高、热量低，含有称为“智慧之盐”的磷。欧洲人因它能解除忧郁，而称它为“快乐水果”。

香蕉果实可加工成果脯、香蕉干、果汁、香精等，能滑大肠、通便，润肺；茎、叶可利尿，治水肿、脚气；根捣碎后可治疮毒、结热和痢疾；花和花苞可治吐血、便血。新鲜的干茎粉碎后可作猪饲料。假茎的纤维可制绳索、麻袋和造纸。香蕉的医药功能多样，对于贫血、血压高、提升脑力、便秘、失眠、宿醉、心绞痛、蚊叮虫咬、神经紧张、胃溃疡、体温控制、戒烟、缓解压力、中风、抑郁症等均有疗效。胃寒、虚寒、肾炎、怀孕期脚肿者，最好不要生吃香蕉；不宜空腹吃。

教你一小手

油炸香蕉夹

材料：香蕉1000克，花生油1000毫升，豆沙馅125克，鸡蛋清150毫升，白糖150克，京糕100克。

做法：先将香蕉去皮，切成长方形片，京糕碾成泥备用；香蕉片铺平，用京糕泥抹匀香蕉片的三分之一，并在上面盖一片香蕉片，抹上一层豆沙馅，再盖上一层香蕉片，然后用手将其轻轻压实，即成香蕉夹；鸡蛋清放入碗内，用筷子沿一个方向不断搅动成泡沫状，再加人淀粉拌成蛋清糊；将锅置火上，加入花生油，烧至六成热后，把香蕉夹放入蛋清糊中挂糊，投入锅中，炸成金黄色捞出，摆入盘内，撒上白糖即成。

◆龙眼的来历

龙眼别名桂圆、益智、羊眼、蜜脾、龙眼干、龙目、比目、荔枝奴、绣木团、川弹子、亚荔枝、木弹、骊珠、燕卵、鲛泪、圆眼、海珠丛。历史上有南方“桂圆”、北“人参”之称谓，历来被称为岭南佳果。龙眼栽培历史可追溯到二千多年前的汉代。有关龙眼的文献记载，最早见于《后汉书·南匈奴列传》。古时龙眼被列为重要贡品，宋代已在泉州普遍种植。直到 18 世纪，龙眼才由我国传到印度和南亚。

龙眼原产于我国南部、西南部，主要分布于广西、广东、福建和台湾等省区。世界上栽培龙眼的国家有泰国、越南、老挝、缅甸、斯里兰卡、印度、菲律宾、马来西亚、印度尼西亚、马达加斯加等。龙眼与荔枝、香蕉、菠萝同为华南四大珍果。泉州是全国龙眼主要产区，自古盛产龙眼。泉州人称桂圆鲜果为龙眼，焙干后为桂圆。泉州龙眼品种很多，最著名的是“东壁”龙眼，产自泉州东壁寺。“东壁”龙眼又称“糖瓜蜜”。福建莆田素有“兴化桂元甲天下”之美誉。大个的桂圆叫龙眼，中等大的叫虎眼，最小的叫鬼眼。

龙眼在民间还有个动人的故事。据说，很早以前，在福建一带有条恶龙，每逢八月海水大潮，就兴风作浪，毁坏庄稼，糟蹋房屋，人

龙 眼

畜被害不计其数。周围的百姓只好逃离家园，在石洞里躲起来。当地有一个武艺高强的少年，名叫桂圆。他看到恶龙兴风作浪，决心为民除害，与恶龙搏斗一番。到了八月，大潮来了，他就准备好酒、猪羊肉。恶龙上岸以后，一看到猪羊肉馋得口水直往下淌，几口就把猪羊肉吃光了。因为猪羊肉是用大量的酒泡过的，不久恶龙就醉在地上不动了。这时桂圆举起钢刀，朝龙的左眼刺去，龙眼被刺了出来，恶龙痛得来回翻滚，正要逃跑时，桂圆揪住龙角，骑在龙身上，当恶龙极力想摆脱桂圆时，桂圆用钢刀刺向恶龙的右眼，恶龙痛得嗷嗷大叫。经过一阵搏斗，恶龙因流血过多死去。桂圆由于负伤过重，也死了。不久这个地方长出了一种果品，人们称之为“龙眼”，也叫“桂圆”。

龙眼有壮阳益气、补益心脾、养血安神、润肤美容等功效，含葡萄糖、蔗糖、蛋白质、脂肪、维生素 B、维生素 C、磷、钙、铁、酒石酸、腺嘌呤、胆碱等成分。可治疗贫血、心悸、失眠、健忘、神经衰弱及病后、产后身体虚弱等症；还有美容、延年益寿之功效。龙眼的叶、花、根、核均可入药，龙眼树木质坚硬，纹理细致优美，是制作高级家具的原料。龙眼蜜是蜂蜜中的上等蜜。龙眼壳治心虚头晕、耳聋、眼花；龙眼花主治淋症；龙眼子治创伤出血、疝气、疥癣、湿疮等病症。

◆草莓的来历

草莓别名洋莓、地莓、地果、红莓、士多啤梨，原产于南美、欧洲。欧洲是主要草莓产地，波兰、意大利、西班牙、荷兰、比利时、俄罗斯、罗马尼亚和英国栽培面积较大。美国、波兰和俄罗斯是世界上种植草莓最多的国家。世界各国栽培的草莓主要是 18 世纪育出的大果草莓，即凤梨草莓，主要产地在中国、美国、澳大利亚、新西兰。草莓被人们誉为“水果皇后”。

草　莓

我国是世界上草莓野生资源最丰富的国家。我国的大果草莓栽培始于1915年，20世纪80年代以来草莓生产迅速发展。目前草莓生产面积居世界第一位，主要产地分布在辽宁、河北、山东、江苏、上海、浙江等东部沿海地区。重点草莓产区有辽宁丹东、河北保定、山东烟台、上海郊区、四川双流、江苏连云港。我国草莓的品种主要有森林草莓、东方草莓、黄毛草莓、西南莓、五叶草莓、纤细草莓和西藏草莓。

草莓营养丰富，富含氨基酸、果糖、蔗糖、葡萄糖、柠檬酸、苹果酸、果胶、胡萝卜素、维生素 B_1、B_2、烟酸，及矿物质钙、镁、磷、铁等，是人体必需的纤维素、铁、钾、维生素C和黄酮类等成分的重

草 莓

要来源。台湾把草莓称为“活的维生素丸”，德国人把草莓誉为“神奇之果”，美国把草莓列为十大美容食品。草莓适宜风热咳嗽、咽喉肿痛、声音嘶哑、夏季烦热口干、腹泻如水、癌症（特别是鼻咽癌、肺癌、扁桃体癌、喉癌）等患者。痰湿内盛、肠滑便泻、尿路结石不宜多食；对阿司匹林过敏和肠胃功能不好的人，不宜多食。

草莓所含的胡萝卜素是合成维生素A的重要物质，具有明目养肝作用；对胃肠道、贫血均有滋补作用；可以预防坏血病、防治动脉硬化与冠心病；草莓是鞣酸含量丰富的植物，具有防癌作用；含有天冬氨酸，可以清除体内的重金属离子；草莓中提取出的“草莓胺”，对治疗白血病、障碍性贫血等血液病有较好的疗效；服饮鲜草莓汁可治咽喉肿痛、声音嘶哑症；草莓汁有滋润营养皮肤的功效，用它制成美容霜，对减缓皮肤皱纹有显著效果。女性常吃草莓，对皮肤、头发均有保健作用。

教你一小手

（1）草莓治干咳无痰、日久不愈的配方：鲜草莓6克，冰糖30克。将上两味入锅，一同隔水煮烂。每天3次分服。

（2）草莓治肺热咳嗽的配方：鲜草莓汁、柠檬汁、生梨汁各50克，蜂蜜15克。将上4味混合调匀。分两次服之。

（3）草莓治食欲不振的配方：鲜草莓250克。将草莓洗净，绞汁。分2次饮用。

（4）草莓治消化不良的配方：草莓100克，山楂30克。将上两味洗净，入锅，加适量水煎汤服用。

（5）草莓治大便秘结的配方：草莓50克，麻油适量。将草莓捣烂与麻油混合调匀。空腹口服。

◆石榴的来历

石榴别名安石榴、若榴、丹若、金罂、金庞、涂林、丹若、沃丹、金罂，石榴花有大红、桃红、橙黄、粉红、白色等颜色。石榴原产伊朗、阿富汗等中亚地带，即古代的安息国。西汉张骞出使西域时得种而归，又名安石榴。石榴传入我国后，因花果美丽，深受人们喜爱，被列入农历5月的“月花”，称5月为“榴月”。榴花的花神，是传说中的鬼王钟馗，民间所绘的钟馗画像，耳边都插着一朵石榴花。明代，榴花称为花盟主，而栀子、蜀葵、孩儿菊、石竹、紫薇等花被称为花客卿、

石 榴

花使令，显出古人对石榴的推崇。

石榴文化的表现方式有石榴书画、石榴肚兜、石榴篆刻、石榴剪纸、石榴摄影、石榴荷包、石榴托盘。常见的民间石榴绘画有《榴开百子》《三多》《华封三祝》《多子多福》等。石榴与中国的服饰文化也有密切的联系。石榴花像舞女的裙裾，梁元帝的《乌栖曲》中有“芙蓉为带石榴裙”的诗词，“石榴裙”的典故，即缘此而来。古代妇女着裙，多喜欢石榴红，因此人们将红裙称为“石榴裙”，“石榴裙”也成为古代年轻女子的代称。而人们形容男子被女人的美丽所征服，就称其“拜倒在石榴裙下”。

石榴是人类引种栽培最早的果树之一。西班牙把石榴作为国花。主要有玛瑙石榴、粉皮石榴、青皮石榴、玉石子等品种。我国石榴的重点产区有陕西临潼、乾县、三原，安徽怀远、萧山、濉溪、巢县，山东枣庄，江苏苏州、南京、徐州、邳县，云南建水、贡呈，四川会理等。新疆叶城石榴，果大质优，闻名于世。以安徽怀远的石榴最好，俗语说：“怀远的石榴、砀山的梨”。石榴的名品有临潼的冰糖石榴、怀远的水晶石榴、会理的铜皮石榴、西昌的宝石榴、嶧县的软核石榴、铜山的无籽石榴。

石榴的榴原作“留”,赋予“留”之意,“折柳赠别”与“送榴传谊”,成为有趣的民俗。石榴常被用作喜庆水果，象征多子多福、子孙满堂。石榴成熟于中秋、国庆期间，是馈赠亲友的喜庆水果。石榴有酸、甜两种，营养特别丰富，含有维生素 C、B 族维生素、有机酸、糖类、蛋白质、脂肪以及钙、磷、钾等。石榴可谓全身是宝，果皮、根、花皆可入药。石榴叶炒后可代茶叶。石榴汁含有多种氨基酸和微量元素，有助消化、抗胃溃疡、软化血管、降血脂和血糖，降低胆固醇等功能。

石榴能消除女性更年期障碍；石榴皮中含有多种生物碱，对金黄色葡萄球菌、溶血性链球菌、霍乱弧菌、痢疾杆菌等有明显的抑制作用，

石榴

能抑制流感病毒；石榴味酸，含有生物碱、熊果酸等，能够涩肠止血，是治疗痢疾、泄泻、便血、遗精、脱肛等良药；石榴皮、石榴树根皮均含有石榴皮碱，对人体的寄生虫有麻醉作用，是驱虫杀虫的好药，可治疗虫积腹痛、疥癣；石榴花有良好的止血作用，石榴花泡水洗眼能明目。不过，石榴多食会损伤牙齿，还会助火生痰；不可与西红柿、螃蟹同食。

◆圣女果的来历

圣女果又名樱桃番茄、葡萄番茄、小西红柿、小番茄、珍珠小番茄、樱桃小番茄、珍珠番茄，在国外有“小金果”“爱情果”之称。起源于美洲安第斯山一带的秘鲁、厄瓜多尔、玻利维亚，因外形像红樱桃而得名。樱桃番茄除含有番茄的所有营养成分之外，其维生素含量比普通番茄高，被联合国粮农组织列为优先推广的“四大水果”之一。

樱桃番茄中含有谷胱甘肽、番茄红素等物质，可促进人体的生长发育，特别可促进小儿的生长发育，并可增加人体抵抗力，延缓人的衰老；番茄红素可保护人体不受香烟和汽车废气中的致癌毒素的侵害，可提高人体的防晒功能；可防癌、抗癌，特别是前列腺癌；樱桃番茄中的维生素 PP 的含量居果蔬之首，保护皮肤，维护胃液的正常分泌，促进红细胞的生成，对肝病有辅助治疗作用。

樱桃番茄尤其适宜婴幼儿、孕产妇、老人、病人、高血压、肾脏病、心脏病、肝炎、眼底疾病、牙龈出血、皮下出血等患者食用，最适合女性和癌症患者，特别适合女性用来美容，是女性天然的美容水果。樱桃番茄中维生素 C 的含量是西瓜的 10 倍，对多种癌症都有预防作用；果皮是膳食纤维的极好来源，具有一定的防癌作用。不过，急性肠炎、菌痢、溃疡活动期病人不宜食用；忌与石榴同食；青果不可食用，会引起中毒；不宜空腹大量食用樱桃番茄，易与胃酸结合生成难溶解的块状结石，造成胃不适、胃胀痛。

圣女果

仁果类

REN GUO LEI

◆苹果的来历

苹果古称柰，又叫涽婆，酸甜可口，被称为“大夫第一药”。苹果原产于欧洲、中亚和我国新疆，栽培历史已有五千年。中亚野苹果是欧美苹果的原始种。欧洲苹果栽培起源于希腊，随着三百年前新大陆的发现，苹果传入美洲，日本在明治维新时代从欧美引入栽培。我国原产的绵苹果在秦汉时代就有记载。贾思勰的《齐民要术》有关于柰和林檎的记载。柰就是现在的苹果，林檎即沙果。我国陕西、甘肃、新疆、青海至今仍有绵苹果分布，河西走廊是中心产区。

苹果在中国已有两千多年的栽培历史。相传夏禹所吃的“紫柰”，

苹 果

就是红苹果。柰最早见于西汉司马相如的《上林赋》。晋代时期，我国种植苹果的技术已达到相当高的程度。宋人诗人李调元还写有一首咏苹果的诗："虞翻宅里起秋风，翠叶玲珑剪未工，错认如花枝上艳，不知荚子缀猩红。"19 世纪中叶欧洲苹果进入中国后逐渐代替中国绵苹果。欧洲苹果先在山东烟台落户，称为西洋苹果。

我国是世界上最大的苹果生产国和消费国，有黄土高原区、渤海湾产区、黄河故道产区和西南冷凉高地四大产区。我国著名的苹果有天水花牛苹果、烟台苹果。天水花牛苹果是我国在国际市场上第一个获得正式商标的苹果品种。与美国"蛇果"齐名。烟台苹果是山东名产之一，素以风味香甜、酥脆多汁享誉海内外。各国苹果的品种主要有：日本的富士、津轻、王林、乔纳金、陆奥、珊夏等；美国的乔纳金、恩派、红富士、新红星、嘎拉、布瑞本；澳大利亚的粉红佳人、澳洲青苹、姆瑞宝石等；新西兰的嘎拉、太平洋玫瑰、布瑞本、华丽；韩国的甘红、红露、曙光、秋光、华红。

科学家把苹果称为"全方位的健康水果"，含有含蔗糖、还原糖、苹果酸、柠檬酸、酒石酸、奎宁酸、醇类、果胶、维生素 C、钾、钠等成分。苹果中的多种维生素、矿物质、糖类、脂肪等，构成大脑所必须的营养成分；苹果中的纤维，对儿童的生长发育有益；苹果中的锌对儿童的记忆有益，能增强儿童的记忆力，因此苹果有"记忆果"之称；苹果中含有大量的镁、硫、铁、铜、碘、锰等微量元素，可使皮肤细腻、润滑、红润有光泽；苹果酸能促进能量代谢，恢复疲劳，增进食欲；富含微量元素钾，钾对心血管有保护作用，因此苹果是高血压、肾炎水肿患者必不可少的食品。

我国北方民间有"饭前吃苹果，老头赛小伙"之说。多吃苹果可改善呼吸系统和肺功能，保护肺部免受污染和烟尘的影响。苹果是糖尿病患者的健康食品；能防癌，预防铅中毒；可提神醒脑；准妈妈每天吃个苹果可减轻孕期反应；轻度腹胀、腹泻、便秘，一日吃苹果 3 个，两天即见效。苹果非常适合婴幼儿、老人和病人食用，尤其适宜慢性胃炎、消化不良、便秘、慢性腹泻、神经性结肠炎、高血压、高血脂、肥胖、癌症、贫血和维生素缺乏者。吃苹果时要细嚼慢咽；不要在饭后吃水果，以免影响消化；苹果富含糖类和钾盐，因而肾炎、糖尿病者不宜多食；冠心病、心肌梗塞、肾病的人不宜多吃；苹果忌与水产品同食，否则会导致便秘。

拔丝苹果的做法

将苹果洗净去皮，切成滚刀块，滚上干淀粉。再将面粉、鸡蛋加适量的清水，搅成糊状待用。将炒锅内的花生油烧成七成热后，把苹果逐块粘上鸡蛋糊入油锅炸至起壳捞起沥油。将炒锅内留有少许油再加热后加入白糖，炒至金黄色时倒入苹果，离火颠翻，使糖汁均匀地粘在苹果上即成。

苹 果

◆梨的来历

梨又称快果、蜜父、果宗、玉乳，俗称白梨、沙梨、水梨。原产我国，已有三千多年的栽培史，品种达1000多种。我国著名的梨有安徽砀山梨、河北鸭梨、西北贡梨和湖北沙梨。河南宁陵的金顶谢花酥梨，明弘治年间为朝廷贡品。梨为“百果之宗”，鲜嫩多汁，有“天然矿泉水”之称。我国梨的品种主要有巴梨、贵妃梨、锦香梨、矮香梨。唐玄宗李隆基精通音律，喜爱歌舞，常在都城光华门的一处广植梨树的果园里进行表演。因而后世就以“梨园界”或“梨园行”来称呼戏剧界。

梨树是我国栽培最为普遍的一种果树，与苹果、柑橘并列为我国三大水果。我国梨产量最多的是河北、山东、辽宁、江苏、四川、云南等省区。主要梨产区有山东烟台的栖霞大香水梨、莱西水晶梨产区；

梨

河北保定的鸭梨、雪花梨、红梨产区；辽宁绥中的秋白梨产区；安徽砀山的酥梨产区；山西高平的大黄梨产区；甘肃兰州的冬果梨产区；四川的金川雪梨和苍溪雪梨产区；新疆的库尔勒香梨和酥梨产区。

梨富含糖、蛋白质、脂肪、碳水化合物及多种维生素，可以加工制作为梨干、梨脯、梨膏、梨汁、梨罐头、酿酒、制醋。梨有助消化、润肺清心、消痰止咳、退热、解毒疮、利尿、润便等功效。梨木是雕刻印章和高级家具的原料；梨果具有生津、润燥、清热、化痰等功效，适用于热病伤津烦渴、消渴症、热咳、痰热惊狂、噎膈、口渴失音、眼赤肿痛、消化不良。梨果皮具有清心、润肺、降火、生津、滋肾、补阴功效。根、枝叶、花可以润肺、消痰、清热、解毒。梨籽能增强记忆力、提高注意力。

梨中含有丰富的B族维生素，能保护心脏，减轻疲劳，增强心肌活力，降低血压；所含的鞣酸能祛痰止咳；有多种维生素，易被人体吸收，对肝脏具有保护作用；能清热镇静，常食能使血压恢复正常，改善头晕目眩等症状；能防止动脉粥样硬化，抑制致癌物质亚硝胺的形成，从而防癌抗癌。梨子特别适宜于肝炎、肺结核、大便秘结、急慢性气管炎、上呼吸道感染、高血压、心脏病以及食道癌患者食用。教师、播音员及歌唱演员常食梨子，可以保护嗓子，预防喉癌、肺癌和鼻咽癌。不过，脾胃虚寒、畏冷、胃酸多、夜尿频、血虚、畏寒、腹泻、手脚发凉的患者不可多吃梨；梨不宜与碱性药同用，如氨茶碱、小苏打等；不应与螃蟹同吃，以防腹泻。

梨

教你一小手

（1）梨子治感冒、咳嗽、急性支气管炎的配方：生梨1个，洗净连皮切碎，加冰糖蒸熟吃。或将梨去顶挖核，放入川贝母3克、冰糖10克，置碗内用文火炖，待梨炖熟，喝汤吃梨，连服2~3天，疗效尤佳。

（2）梨子治肺热、咽疼、失音的配方：雪梨捣汁徐徐含咽，每日服3~4次。

（3）梨子治肺热咳嗽的配方：生梨加冰糖炖服，或生梨去心加贝母3克炖服；或梨1个，芦根30克，冰糖同煮，睡前热食，见小汗为佳，食3天；或梨汁、藕汁等量服。

（4）梨子治百日咳的配方：梨挖心装麻黄1克或川贝3克，桔仁6克，盖好蒸熟吃。

（5）梨子治肺结核咯血、干咳无痰的配方：川贝10克，梨2个削皮挖心切块，加猪肺煮汤，冰糖调味，可清热润肺、止咳去痰。

（6）梨子治肺痰咳嗽、干咳咯血的配方：雪梨6个，削皮挖心；将糯米100克煮成饭。川贝粉12克，冬瓜条100克切碎，冰糖100克拌匀，共装入梨中，蒸50分钟后食用，早晚各服1次，可润肺化痰，降火止咳。

（7）梨子治小儿风热咳嗽、食欲不振的配方：鸭梨水煎取汁，加入大米煮粥。

（8）梨子治咽炎、红肿热痛、吞咽困难的配方：沙梨用米醋浸渍，捣烂、榨汁，慢慢咽服，早晚各1次。

（9）梨子治清痰止咳的配方：将梨捣汁，加姜汁、白蜜；或将梨熬膏加姜汁、白蜜食用。

核果类

HE GUO LEI

◆桃子的来历

桃子原产于我国青藏高原，在中原地区已有三千多年的栽培史。桃果汁多味美，营养丰富。桃子的枝、叶、果桃有药用价值，唐代孙思邈称为“肺之果”。将桃晒成干（桃脯），经常服用能美容养颜。桃果可加工成桃脯、桃酱、桃汁、桃干和桃罐头。桃树的根、

桃 子

桃 子

叶、花、仁可入药，具有止咳、活血、通便等功效，桃仁可榨取工业用油，桃核硬壳可制活性炭。我国桃的著名品种有河北深州蜜桃、浙江奉化玉露桃、山东肥城桃、湖北四月白、江苏五月红、南京八月寿、山西九月蜜、陕西十月蜜以及湖北枣阳的冬桃、油桃、雪桃等。

中国桃有品种 800 个，分为 5 个品种群，即北方品种群（分布于山东、河南、山西、河北、陕西、甘肃、新疆等省区，著名品种有“四月半”“五月鲜”“青州蜜桃”“冬桃”“肥城佛桃”“深州蜜桃”“天津水蜜”等）、南方品种群（分布于江苏、浙江、四川、云南等省区，著名品种有“陆林桃”“小暑桃”“象牙白”“二早桃”“玉露”“白花”“上海水蜜”“冈山白”等）、黄肉品种群（分布于陕西、甘肃、新疆、云南等省区，著名品种有“灵武黄甘桃”“醴泉黄甘桃”“叶城粘核黄桃”“呈贡黄离核”“火炼金丹”等）、蟠桃品种群（分布于江苏、浙江）、油桃品种群（分布于新疆、甘肃）。

桃的果肉中富含蛋白质、脂肪、糖、钙、磷、铁和维生素 B、维生素 C 及大量的水分，对慢性支气管炎、支气管扩张症、肺纤维化、肺不张、矽肺、肺结核等出现的干咳、咳血、慢性发热、盗汗等症有保健作用。桃子含有较高的糖分，有改善皮肤弹性，使皮肤红润等作用。瘦弱者常吃桃子有强壮身体，丰肌美肤作用。身体瘦弱、阳虚肾亏者，用鲜桃同米煮粥食，有丰肌悦色作用。桃尤其适用于气血两亏、面黄肌瘦、心悸气短、便秘、闭经、淤血肿痛等症状的人食用。

桃在食用前要将桃毛洗净，以免刺入皮肤，引起皮疹；或吸入呼吸道，引起咳嗽、咽喉刺痒。大量食用桃子容易上火，有口干、口渴、咽喉疼痛等上火症状的，最好少吃或不吃桃子；易生疮疖的人多食桃后，会起疮。另外，未成熟的桃子不能吃，否则会引起腹胀或生疖痈；烂桃不可食用；忌与甲鱼同食；糖尿病、血糖过高，应少食桃子；不要给婴幼儿喂桃子；多病体虚、胃肠功能太弱的病人不宜食用。

李子

◆李子的来历

李子又称李实、嘉庆子。李在我国栽培历史至少三千年以上。我国大部分地区均产李子，我国李子产量最多的省有广东、广西、福建，其中福建永泰是全国产李最多的县。李的果实可以加工成李干、蜜饯、果酱、果酒、李汁饮料、话李等。《乐府·古辞·君子行》中有“瓜田不纳履，李下不正冠”的古语；南朝梁代诗人沈约还写有《麦李诗》：“青玉冠西海，碧石弥外区。化为中园实，其下成路衡。在先良足贵，因小邀难逾。色润房陵缥，味夺寒水朱。摘持欲以献，尚食且踯躅”。

李子俗称“恐龙蛋”。每年 7 ~ 8 月间采收成熟果实。李子既可鲜食，又可制成罐头、果脯。饱满圆润、玲珑剔透，形态美艳，口味甘甜，是人们喜食的传统果品之一。李子含各种氨基酸，中医认为鲜李、李干可治骨节间劳热，胃痛呕恶，肝病宜食。鲜食李子可治肝肿硬腹水，可清肝养肝。李子含糖、微量蛋白质、脂肪、胡萝卜素、维生素 B1、烟酸、钙、磷、铁、天门冬素、谷酰胺、丝氨酸、甘氨酸、脯氨酸、苏氨酸、丙氨酸等。李子的药用功效有很多，李的果

李 子

实有养肝、治肝腹水、破瘀等功效；核仁有活血、利水、滑肠的作用；李子的果汁饮料可以防中暑；李干能醒酒、解渴镇呕；叶、花、根也有药用效果。

李子能促进胃酸和胃消化酶的分泌，能促进消化，增加食欲，为胃酸缺乏、食后饱胀、大便秘结的食疗良品；新鲜李肉中含有谷酰胺、丝氨酸、甘氨酸、脯氨酸等，对于治疗肝硬化腹水有益；李子核仁中含苦杏仁甙和大量的脂肪油，有利水降压、止咳祛痰的作用；李花有美容作用，对汗斑、黑斑有良效。李子尤其适宜发热、口渴、虚痨骨蒸、肝病腹水，教师、演员音哑或失音者，慢性肝炎、肝硬化者食用。李子宜与冰糖炖食，可以润喉开音。李子有美颜乌发的神效。

不过李子食用时有如下注意事项：过量食用易引起胃痛；溃疡病及急、慢性胃肠炎患者忌服；脾虚痰湿、小儿不宜多吃；肾病患者不能食用李子；李子忌与鸡肉、鸡蛋、鸭肉、鸭蛋、麋鹿肉同食；民间有“桃饱人，杏伤人，李子树下抬死人”的谚语，未熟透的李子不要吃；李子不可与雀肉、蜂蜜同食，否则可致人死亡；“李子不沉水者有毒”，未成熟的李子不可进食；体质虚弱的人宜少食。

◆杏的来历

杏原产于中国，18 世纪被西班牙教士带入美国加利福尼亚。杏产量以西班牙最多，其次是伊朗、叙利亚、美国、法国、意大利。我国在公元前 3000 年就开始大量栽培。《夏小正》中有“四月，囿有见杏”的记载。我国有 9 个杏品种：普通杏、西伯利亚杏、辽杏、紫杏、志丹杏、政和杏、李梅杏、藏杏、梅。外国的杏是通过古代丝绸之路传播过去的。在外国，澳大利亚的土著人把杏用在房事上；英国人认为梦见杏会带来好运。

中国是杏的故里，春秋时期的《管子》就有“五沃之土宜杏”的记载；《山海经》中也记有“灵山之下，其木多杏”。三千多年以前，中国就有杏树种植。红杏与古代医学文化有着不解之缘。古代郎中以杏医药济世。而且历代诗人留下不少与杏有关的名句，如陆游的“杨柳不遮春色断，一枝红杏出墙头。”叶绍翁的“春色满园关不住，一枝红杏出墙来。”杨万里的“道白非真白，言红不若红。请君红白外，别眼看天工。”

杏在我国分布很广，以河北、山东、山西、河南、陕西、甘肃、青海、新疆、辽宁、吉林、黑龙江、内蒙、江苏、安徽等地较多。我国著名的杏品种有河北巨鹿、广宗的串枝红杏、山东招远的红金榛杏、北京的水晶杏、河南渑池的仰韶红杏、陕西华县的大接杏、甘肃敦煌的李

杏

广杏和新疆英吉沙杏等。我国是世界重要的鲜杏生产大国和最大的杏浆生产国。

杏肉可加工成杏脯、糖水杏罐头、杏干、杏酱、杏汁、杏酒、杏青梅、杏话梅、杏丹皮、杏仁霜、杏仁露、杏仁酪、杏仁酱、杏仁点心、杏仁酱菜、杏仁油等。杏仁油是一种优良的食用油，还是一种高级油漆涂料、化妆品及优质香皂的重要原料。杏富含维生素 A 和天然糖分，杏干是铁的良好来源。杏果含有多种有机成份和人体所必须的维生素及无机盐类。杏仁的营养更丰富，含有磷、铁、钾等无机盐类及多种维生素，是滋补佳品。

未熟的杏果中含类黄酮较多，有预防心脏病和减少心肌梗死的作用；杏是维生素 B17 含量最为丰富的果品，维生素 B17 是极有效的抗癌物质；苦杏仁能止咳平喘，润肠通便，可治疗肺病。不过，杏肉味酸、性热，有小毒。过食会伤及筋骨、勾发老病，甚至会落眉脱发、影响视力，若产、孕妇及孩童过食还极易长疮生疖，引起胃病，腐蚀牙齿；食杏过多，能引起邪火上炎，使人流鼻血、生眼眵、烂口舌、拉肚子；服用磺胺类药物及碳酸氢钠时不宜食用；不宜与黄瓜或动物肝脏及胡萝卜同时食用；不宜与牛奶、鸡蛋等含蛋白质丰富的食物同时食用。

◆樱桃的来历

樱桃别名车厘子、莺桃、荆桃、楔桃、英桃、牛桃、樱珠、含桃、玛瑙、朱果、朱樱、家樱桃。我国樱桃有中国樱桃、甜樱桃、酸樱桃和毛樱桃。樱桃成熟期早，有“早春第一果”的美誉，号称“百果第一枝”。据说黄莺特别喜好啄食这种果子，因而名为“莺桃”。樱桃的品种有红灯、早红、先锋、大紫、拉宾斯、早大果。

樱 桃

考古工作者曾在商代和战国时期的古墓中发掘出樱桃的种子。三千年前的《礼记》中已有“仲夏之日以会桃先荐寝庙”的记载。这里的“会桃”即樱桃。历史上樱桃被列为“贡果”。我国樱桃的著名品种有江苏南京的垂丝樱桃、浙江诸暨的短柄樱桃、山东泰安的泰山樱桃、安徽太和的太和樱桃，以安徽太和樱桃最为著名。我国樱桃主要产于安徽、辽宁、河北、陕西、甘肃、山东、河南、江苏、浙江、江西、四川。陕西西乡县有西北最大的樱桃基地——樱桃沟，每年 4 月下旬举办樱桃节。

我国有许多与樱桃有关的诗词，比如后梁宣帝写有《樱桃赋》:“懿夫樱桃之为树，先百果而含荣，既离离而春就，乍苒苒而东迎”，唐代诗人白居易写有《吴樱桃》:“含桃最说出东吴，香色鲜农气味殊。洽恰举头千万颗，婆娑拂面两三株。鸟偷飞处衔将火，人争摘时踏破珠。可惜风吹兼雨打，明朝后日即应无”，宋代著名词人苏轼写有《樱桃》:“独绕樱桃树，酒醒喉肺干。莫除枝上露，从向口中传”，而爱国词人辛弃疾则写有《菩萨蛮·席上分赋得樱桃》的词：“香浮乳酪玻璃流，

樱 桃

年年醉里尝新惯。何物比春风？歌唇一点红。江湖清梦断，翠笼明光殿。万颗写轻匀，低头愧野人”。

樱桃营养丰富，其蛋白质、糖、磷、胡萝卜素、维生素C等含量，均比苹果、梨高。樱桃含铁量高，位于各种水果之首，可补充体内对铁元素量的需求，促进血红蛋白再生，防治缺铁性贫血；给小儿饮用樱桃汁能够发汗透疹解毒；樱桃对风湿腰腿疼痛有良效；有很强的驱虫、杀虫作用，可杀蛔虫、蛲虫、绦虫；樱桃可以治疗烧烫伤，防止伤处起泡化脓。常用樱桃汁涂擦面部及皱纹处，能使面部皮肤红润嫩白。不过，热性病、虚热咳嗽者忌食；樱桃核仁含氰甙，水解后产生氢氰酸，药用时应小心中毒；溃疡、上火者慎食；糖尿病者忌食；食用过多的樱桃，会出现高血钾，是慢性肾病的“隐形杀手”。

冬菇樱桃

材料：水发冬菇80克，鲜樱桃50枚，豌豆苗50克，白糖、姜汁各适量。

做法：水发冬菇、鲜樱桃去杂洗净；豌豆苗去杂和老茎，洗净切段；

炒锅烧热，下菜油烧至五成热时，放入冬菇煸炒透，加入姜汁、料酒拌匀，再加酱油、白糖、精盐、鲜汤烧沸后，改为小火煨烧片刻，再把豌豆苗、味精加入锅中，入味后用湿淀粉勾芡，然后放入樱桃，淋上麻油即可。

◆枣的来历

枣又名红枣、美枣、良枣。原产于我国，考古学家从新郑斐李岗文化遗址中发现枣核化石，证明枣在我国已有 8000 多年历史。西周时期就开始利用红枣酿造红枣酒。早在战国时期已盛产于燕南、渭北。民间一直视枣为“铁杆庄稼”“木本粮食”。中国枣约于公元 1 世纪经叙利亚传入地中海沿岸和西欧，19 世纪由欧洲传入北美。关于枣的最古老的著述是《诗经·豳风·七月》中的“八月剥枣，十月获稻”的

枣

记载。枣后来成为儒家“三礼”（即丧礼、葬礼、祭礼）用品与明清皇室供品。

枣自古以来就被列为桃、李、梅、杏、枣“五果”之一。著名品种有鸡心蜜枣、密云小枣、郎枣、壶瓶枣、骏枣、赞皇长枣、冬枣、花红枣、羊奶枣、葫芦枣、磨盘枣、五花枣等。枣还可以被用来制作红枣酒。把枣放在白酒里面，慢慢变成酒枣。枣还被历代诗人写入诗辞歌赋中，如唐朝诗人李颀写有：“四月南风大麦黄，枣花末落桐荫长”，刘长卿写有：“行过大山过小山，房上地下红一片”，宋代诗人张耒写有：“枣径瓜田经雨凉，白衫乌帽野人装”。

山东、河北、山西、陕西、甘肃、安徽、浙江产枣量最多。陕西佳县为“中国红枣名乡”、陕西清涧为“中国红枣之乡”、河北行唐为“中国大枣之乡”。著名品种有金丝小枣（产于山东乐陵、河北沧县、北京密云）、晋枣（又名“吊枣”）、江苏泗洪大枣、山东庆云“无核枣”、浙江“义乌大枣”、河南“新郑大枣”、陕西绥德“黄河滩枣”、河北黄

枣

骅“冬枣”以及新疆“若羌枣”“和田玉枣”。

大枣维生素含量高，有“天然维生素丸”的美誉。枣能提高人体免疫力，抑制癌细胞，提高血清白蛋白，保护肝脏；经常食用鲜枣的人很少患胆结石；富含钙和铁，可防治骨质疏松、贫血；所含的芦丁，是一种使血管软化、血压降低的物质，对高血压有防治功效；还可以抗过敏、除腥臭、宁心安神、益智健脑、增强食欲。对高血压、心血管疾病、失眠、贫血等病人很有益。

红枣是一种营养佳品，被誉为“百果之王”，含有丰富的维生素 A、B、C 等人体必须的维生素和 18 种氨基酸、矿物质。红枣中含量丰富的环磷酸腺苷、儿茶酸具有独特的防癌降压功效。民间有“一日吃三枣，红颜不显老”的说法。不过，忌与海鲜同食；过多食用大枣会引起胃酸过多和腹胀；人吃了烂枣会出现头晕、视力障碍等中毒反应；生吃时，应吐枣皮；经期忌吃红枣，多吃加重经期眼肿、脚肿现象；糖尿病患者忌吃枣；生吃不宜过多。

当归红枣粥

材料：当归 15 克，红枣 50 克，白糖 20 克，粳米 50 克。

做法：先将当归用温水浸泡片刻，加水 200 克，先煎浓汁 100 克，去渣取汁，与粳米、红枣和白糖一同加水适量，煮至粥成。每日早晚温热服用，10 日为 1 个疗程。此粥用于气血不足、月经不调、闭经痛经、血虚头痛、眩晕及便秘。

◆榴莲的来历

榴莲又名韶子、麝香猫果。印度尼西亚、马来西亚是榴莲的原产地，后传入菲律宾、斯里兰卡、泰国、越南和缅甸，我国海南有少量栽种。榴莲的最好搭档是被称为“水果皇后”的山竹。榴莲在泰国最负有盛名，旅馆、火车、飞机和公共场所是不准带进的。泰国人特别喜爱榴莲，流行“典纱笼，买榴莲，榴莲红，衣箱空”以及“当了老婆吃榴莲”的谚语。

泰国榴莲的起源有两种说法，一是原产于马来西亚，大城王朝时代传入泰国。另一种说法是从缅甸的他怀、玛立和达瑙诗等地引进。

榴 莲

公元1787年暹罗军进攻缅甸时，意图夺取他怀，但无法攻克。在围城期间，由于军中粮草缺乏，将官只好命令士兵四处寻找野果充饥，士兵在林中找到一种硕大而有刺的果实榴莲。后来回师曼谷时，官兵中不少人把榴莲果核随身带回，在自己房屋周围种植。

关于榴莲还有另外两则故事：传说明朝郑和率船队三下南洋，由于出海时间太长，许多船员都归心似箭，有一天，郑和在岸上发现一堆奇果，他拾得数个同大伙一起品尝，岂料船员称赞不已，竟把思家的念头一时淡化了，有人问郑和，"这种果叫什么名字"，他随口答到"流连"，以后就转化为"榴莲"。另一个故事是：相传古时一群男女漂洋过海下南洋，遇上风浪，只有一对男女漂泊到一个美丽的小岛，岛上居民采来一种果实给他们吃，两人很快恢复了体力，再也不愿意回家，在此结为夫妻，生儿育女。后来人们给这种水果起名叫"榴莲"，意思是让人"流连忘返"。

榴莲果肉含有多种维生素，营养丰富，香味独特，有"水果之王"的美称。广东人称"一只榴莲三只鸡"。榴莲的营养价值很高，含有糖分、淀粉、蛋白质、多种维生素、脂肪、钙、铁和磷等；用于精血亏虚、须发早白、衰老、风热、黄疸、疥癣、皮肤瘙痒等症。榴莲全身都是宝，果核可煮、烤着吃，味道像甜薯；煮榴莲的水能治疗皮肤敏感性的疮痒；榴莲壳可合成肥皂，还能用作皮肤病药材。

榴莲的饮食禁忌有：吃过榴莲后九个小时内禁忌喝酒；过多食用会阻塞肠道，引起便秘；癌病患者或康复者戒吃榴莲；榴莲不可与酒一起食用；糖尿病患者不宜食用；喉痛咳嗽、感冒、阴虚体质、气管敏感者不宜食用；肾病及心脏病人宜少食；若榴莲带有酒精味，则表示已变质不能吃。

榴莲炖鸡

材料：榴莲，鸡1只（约重600克），姜片10克，核桃仁50克，红枣50克，清水约用1500克，盐少许。

做法：鸡洗干净去皮，放入滚水中，浸约5分钟，斩成大块；核桃仁用水浸泡，去除油味；红枣洗净去核；榴莲去嫩皮，留下大块的外皮。可以去果肉，可以取汁，把外皮切小，因为味道比较重，少放一点为好；把鸡、姜片、核桃仁、枣、榴莲皮与榴莲肉同放入锅内滚开水中，加姜片，用猛火滚起后，改用文火煲3小时，加盐、味精调味即成。

◆菠萝的来历

菠萝又称番梨、凤梨、菠萝蜜等。菠萝原产于巴西，以后逐渐扩展到美洲中部和南部。现世界上有80多个国家和地区栽培，主要产区集中在泰国、菲律宾、印尼、越南、巴西、南非和美国。菠萝于17世纪传入我国。我国是菠萝十大主产国之一，我国的生产地区主要有广东、海南、广西、台湾、福建、云南等。我国菠萝的常见品种有神湾种、巴厘种和沙捞越种三种，广州的“糖心菠萝”最为著名。菠萝是我国岭南四大名果之一。

菠萝营养丰富，含有还原糖、蔗糖、蛋白质、粗纤维、有机酸、维生素C、胡萝卜素、硫胺素、尼克酸，以及钙、铁、镁等。尤其以维生素C含量最高。菠萝的诱人香味来自其成分中的酸丁酯，具有刺激唾液分泌、促进食欲的功效。菠萝有清热解暑、生津止渴、利小便的功效，可用于伤暑、身热烦渴、消化不良、小便不利、头昏眼花等症。特别适宜身热烦躁者、肾炎、高血压、支气管炎、消化不良者食用。菠萝果汁、果皮及茎所含有的蛋白酶能增进食欲，能治疗多种炎症、消化不良、利尿、驱寄生虫，对肠胃有医疗作用。将新鲜的菠萝榨成汁并煮开，冷却后擦洗粗糙的皮肤，能清洁润肤，防止暗疮生长。在食用肉类或油腻食物后，吃些菠萝对身体大有好处。

菠　萝

不过，菠萝果肉里含有一种“菠萝酶”，这种酶对舌头和口腔表皮有特殊的刺激作用，所以吃之前一定要用盐水泡一下；菠萝果皮有众多的菠萝钉，坚硬棘手，食用前必须削皮后挖去；菠萝含草酸较多，过量食用对肠胃有害；食用菠萝要谨防过敏；患有溃疡、肾病、凝血功能障碍的人应禁食菠萝；发烧、患有湿疹、疥疮的人，不宜多吃；患低血压、内脏下垂的人应尽量少吃；怕冷、体弱的女性不宜多吃；太瘦也不宜多吃；菠萝和蜂蜜不能同时食用。

菠萝鱼

材料：菠萝1个，带皮鳜鱼肉500克，新鲜豌豆50克。

做法：菠萝洗净，削去果皮，切成块备用；鱼肉洗净，在一面剞十字花刀，然后切成方块备用；豌豆洗净，放入锅中煮烂；将鱼肉放入碗中，加入精盐、料酒拌匀，再加入湿淀粉抓匀，然后粘上干淀粉，使花刀分开；将锅置火上，加入花生油加热，下鱼块炸透，以漏勺捞出；另取锅放火上，加适量花生油并烧热，下葱、姜、蒜及菠萝块、青豌豆稍炒，再放入番茄酱、白糖、料酒、精盐、味精和水，煮沸，以湿淀粉勾芡；油锅烧热至油沸腾，在盛汁的锅内加入沸油余汁，后加入鱼块，翻炒几下即可。

波 萝

第四章

说说甜蜜点心

“点心”这个词语，原意是饿时略为进食。早在2500年前的《楚辞》中已有“点心”的记载。今日的点心，大部分是古时的小吃渐渐演变、不断改进而来的。“点心”分为中式糕点、西式糕点两类。其中，中式糕点包括包类，指各式包子，如大包、小包、小笼包、寿桃包、糖包、水晶包等；饺类如水饺、蒸饺、锅贴等；糕类，如松质糕、粘质糕、发酵糕、蛋糕、山药糕、马蹄糕、花生糕等；团类，如汤团、鸽子圆子、果馅元宵、麻团等；卷类，如酵面卷、折叠卷、抻切卷、米（粉）团卷、蛋糕卷、酥皮卷、饼皮卷；饼类，如薄饼、清油饼、葱油酥饼、月饼等；酥类，如藕丝酥、苹果酥、桃酥等；条类，如面条、米线、油条等；饭类，如蒸饭、焖饭、炒饭、盖浇饭、菜饭、八宝饭等；粥类，如煮粥、焖粥、腊八粥、皮蛋粥等；冻类，如西瓜冻、杏仁豆腐等。另外还有馒头、麻花、粽子、烧卖等。西式糕点主要包括奶油起酥类、蛋糕类、水果点心类、面包类。本章就来说一说一些常见点心的来源、故事。

蒸包类

ZHENG BAO LEI

◆包子的来历

包子是一种把面粉加水、糖等调匀，制作时加入肉、菜、豆蓉等馅料，发酵后通过蒸笼蒸熟而成的半球形食品。一般来说，没馅的叫馒头，有馅的叫包子。山东泰安还将饺子称为包子。而且在河北高碑店，“包子”是一种结婚请客的俗称。一般都说吃包子去，也就是吃份子去。原因是当初结婚吃饭时没有什么东西，只有拿着包子去。包子有许多品种，如大包子、小笼包、生煎包、小汤包、菜包、豆沙包等。我国最著名的包子是狗不理包子、小笼包。

包 子

狗不理包子是中华饮食文化的瑰宝，为“天津三绝”食品之首，被誉为“津门老字号，中华第一包”。品种有猪肉包、三鲜包、肉皮包、海鲜包、野菜包、全蟹包等六大系列。

狗不理包子创始于1858年。清咸丰年间，武清县杨村有个年轻人，名叫高贵友，小名狗子。十四岁时在天津南运河边上的刘家蒸吃铺做小伙计。三年满师后，高贵友已精通做包子的各种手艺，于是自己开办了一家专营包子的小吃铺——德聚号。高贵友创制了用肥瘦鲜猪肉加适量的水，佐以排骨汤或肚汤，加上小磨香油、酱油、姜末、葱末、味精等，精心调拌成包子馅料的狗不理包子。由于生意十分兴隆，高贵友忙得顾不上跟顾客说话，于是吃包子的人都戏称他“狗子卖包子，

狗不理包子

不理人”。久而久之，都叫他“狗不理”，而他所经营的包子就叫“狗不理包子”。据说，袁世凯在天津编练新军时，曾把“狗不理”包子作为贡品献给慈禧太后。慈禧太后尝后大悦，从此狗不理包子名声大振。狗不理包子倍受欢迎，关键在于用料精细，在选料、配方、搅拌、揉面、擀面等方面都有绝招。刚出屉的包子，大小整齐，色白面柔，咬一口，油水汪汪，香而不腻。

而小笼包是上海、常州、无锡、杭州、南京、芜湖等江南地区的著名小吃，源自上海南翔。南翔小笼包有百年历史，创始人是上海日华轩点心店的老板黄明贤。初名“南翔大肉馒头”，后称“南翔大馒头”“古猗园小笼”“南翔小笼”。南翔小笼包采用“重馅薄皮，以大改小”的方法，选用精白面粉擀成薄皮，又以精肉为馅，用鸡汤煮肉皮取冻拌入，洒入少量研细的芝麻、蟹粉、春竹、虾仁和入肉馅，其形如荸荠，呈半透明状，小巧玲珑，十分美味。

狗不理包子的做法

材料：面粉 750 克，净猪肉 500 克，生姜 5 克，酱油 125 克，水 422 毫升，净葱 625 克，香油 60 克，味精少许，碱适量。

做法：将猪肉按肥瘦 3 比 7 匹配。将肉软骨及渣剔净、剁碎，使肉成大小不等的肉丁。在搅肉过程中要加适量的生姜水，然后上酱油。上酱油的目的是调节咸淡，上酱油时要使酱油完全掺到肉里，上完酱油稍等一会，紧接着上水。上水也要分次少许添加，否则馅易出汤。最后放入味精、香油和葱末搅拌均匀。葱末提前用香油抹上。制好面皮后开始制包剂子；把剂子用面滚匀，擀成薄厚均匀，大小适当的圆皮；左手托皮，右手拨入馅；掐包时拇指往前走，拇指与食指同时将褶捻开，收口时要按好，包子口上要没有面疙瘩；包子上屉蒸4～5分钟即可。

◆馒头的来历

馒头的称谓，今天仍很混乱。如北方有称作“馍”“卷子”“包子”，南方称作“面兜子”“汤包”。馒头是一种把面粉加水、糖等调匀，发酵后蒸熟而成的食品。在制作时加入肉、菜、豆蓉等馅料的馒头，叫做包子，而普通的馒头叫白馒头。江南地区的馒头一般都半圆外表平整，

馒　头

且顶部会印上大红印，主要有豆沙馅和油包两种；包子则半圆顶部捏合处褶皱不加红印，通常有肉馅、豆沙馅、咸菜、青菜。制作馒头的原料有面粉、发酵面、白糖、水、碱、青红丝。肠胃不好的人应少吃。

馒头的历史，可追溯到战国时期。萧子显在《齐书》中记载朝廷规定太庙祭祀时用“面起饼”，“面起饼”即最早的馒头。《三国演义》中则记载诸葛亮以馒头代替人头祭泸水。晋朝之后，馒头也称作“饼”。唐代以后，馒头变小，称作“玉柱”“灌浆”。宋时馒头成为大学生的点心，称为“羊肉馒头”“大学馒头”。不管有馅无馅，馒头一直供祭祀之用。至清代，北方称无馅者为馒头，有馅者为包子。清代馒头最有名的是扬州小馒头。

需要注意的是，蒸馒头勿用热水；发酵的水温不能超过 40℃；发好的面团如有酸味，可以加一点碱面中和；蒸馒头的过程中不要掀开锅盖；用手轻拍馒头，有弹性即熟；撕一块馒头的表皮，如能揭开皮即熟，否则未熟；手指轻按馒头后，凹坑很快平复为熟馒头，凹陷下去不复原的，说明还没蒸熟。

教你一小手

馒头的做法

将发酵面（老面）加面粉、水和成面团，放入盆中或醒发箱发酵（发酵时间视室内温度和老面的多少而定）；取出发酵好的面团加碱和白糖（白糖可根据自己喜欢的口味添加，北方基本一点糖也不放，只有在南方才会出现放白糖的情况），揉透揉匀后搓成长条，揪剂子，摆在笼屉上，剂子口朝上，撒上青红丝，在旺火上蒸二十分钟，取出即可。

◆粽子的来历

粽子又叫“角黍”“筒粽”，是端午节食品，传说是为了供祭投江的屈原。粽子是中国历史上文化积淀最深厚的传统食品。粽子最早的记载是西晋新平太守周处所写的《风土记》，书中写到：“仲夏端午，烹鹜角黍。”南朝梁文学家吴钧在《续齐偕记》中则说：“屈原五月五日投汨罗而死，楚人哀之，遂以竹筒贮米，投水祭之”，于是相沿成俗。

粽 子

粽子

春秋时期，用菰叶（茭白叶）包黍米成牛角状，称“角黍”；用竹筒装米密封烤熟，称“筒粽”。晋代，粽子被正式定为端午节食品。这时粽子还添加中药益智仁，称为“益智粽”。南北朝时，出现杂粽，米中掺杂禽兽肉、板栗、红枣、赤豆等。唐代粽子出现锥形、菱形。宋朝已有“蜜饯粽”。元、明时，粽子的包裹料已从菰叶变为箬叶，后又出现芦苇叶，附料有豆沙、猪肉、松子仁、枣子、胡桃等。清代出现“火腿粽子”。

清代诗人吴曼云写有一首赞美粽子的诗：“裹就连筒米宿舂，九子彩缕扎重重，青菰褪尽云肤白，笑说厨娘藕复松。”吃粽子的风俗，流传到朝鲜、日本及东南亚诸国。在国外也有各种粽子，比如朝鲜粽子（车轮饼）、日本粽子（用磨碎的米粉做成）、越南粽子（用芭蕉叶包裹）、缅甸粽子（用糯米作主料，用香蕉和椰蓉作馅）、新加坡粽子

（花汁粽子）、印度尼西亚粽子（有猪肉馅、牛肉馅、鸡肉馅，有腊肉馅、火腿馅）等等。

粽子有荤粽、素粽、咸粽、甜粽之分。著名的有桂圆粽、肉粽、水晶粽、莲蓉粽、蜜饯粽、板栗粽、辣粽、酸菜粽、火腿粽、咸蛋粽、九子粽。国内的粽子，以江南嘉兴出产的最为有名，品种有“竹叶粽”“艾香粽”“甜茶粽”“薄荷香粽”“豆沙粽”“莲子粽”“松仁粽”“火腿粽”“蛋黄粽”。嘉兴粽子又以五芳斋最为著名。

粽子主要有甜、咸两种。甜味有白水粽、赤豆粽、蚕豆粽、枣子粽、玫瑰粽、瓜仁粽、豆沙猪油粽、枣泥猪油粽等。咸味有猪肉粽、火腿粽、香肠粽、虾仁粽、肉丁粽。江南粽子分广式和苏式两种，广式有椰蓉粽、莲蓉粽、烧鸭粽、猪油豆沙粽、叉烧蛋黄粽；苏式则有白米粽、赤豆粽、鲜肉粽、火腿粽等。

我国著名的粽子品牌有北平粽子（多为甜粽）、广东粽子（馅有火腿、咸肉、蛋黄、烧鸡、叉烧、烧鸭、栗子、香菇、虾子、莲蓉、绿豆沙、红豆沙、核桃等）、台湾粽子（馅有猪肉、豆干、竹笋、卤蛋、香菇、虾米、萝卜干、红葱头、栗子、豆干、芋头）、湖州粽子（分甜咸两种）、嘉兴粽子（真武山甜茶粽子）。还有稻香村粽子、好利来粽子、三全粽子、思念粽子、利口福粽子、老边粽子、米旗粽子、津乐园粽子、功德林粽子、大三元粽子、鲜品屋粽子以及四川、两湖的辣粽、贵州的酸菜粽、苏北的咸蛋粽。

吃粽子时，适当喝些茶水、糖水有助于消化。不过，过量进食粽子容易引起消化不良，不可贪食；肉粽及猪油豆沙粽含有较多脂肪，高血脂、动脉硬化、高血压、冠心病患者不宜食用；患有胃病及十二指肠溃疡的病人宜少食；老年人和儿童以及消化功能较弱者，应慎食。

蜜枣粽子

材料：糯米1000克，葡萄干50克，蜜枣100克。

做法：将粽叶400克洗净，放入锅中加入清水煮软，捞起沥水，备用；将糯米淘洗干净，沥水，备用；将蜜枣装入碗内，蒸软取出，趁热去核，葡萄干洗净，沥水；取3张粽叶，毛面相对，先放入1/3糯米，加入蜜枣和少许葡萄干，再放入2/3糯米包成三角形粽子，用绳子扎紧；将包好的粽子放入锅内，加入清水用旺火煮约2小时，再用小火焖约3小时，即可食用。

◆烧卖的来历

烧卖又称干蒸、肖米、稍麦、鬼蓬头，源自元代大都。最早关于烧卖的记载是在元末明初，当时称为“素酸馅稍麦”。清光绪年间，回族人马玉亮所创的烧卖，初名撮子包，因感不雅，因其边与将熟的麦穗相似，遂改名为“烧麦”。

烧麦一词的来历，有多种说法。一说：早年呼和浩特市的烧麦都在茶馆出售，食客一边喝着砖茶、小叶茶，吃着糕点，一边吃热腾腾的烧麦，因而烧麦又称“捎卖”，意即“捎带着卖”之意；也有人说因为烧麦的边稍皱折如花，故称为“稍美”，即“边稍美丽”之意。

烧卖的做法很简单：用不发酵的面粉擀成薄皮，包上馅，顶上捏成折儿，然后蒸熟即可。高档烧卖对馅极为讲究，虾仁、瘦肉、冬笋、香菇、粉丝是少不了的。烧卖一般是咸的。烧卖的知名种类主要有上海烧卖（以糯米为主，加入切碎的猪肉、牛肉、虾、白菜、香菇）、广东烧卖（有虾肉烧卖，以切碎猪肉、鲜虾为主要馅料，用鲜黄色的薄皮包裹，再在烧卖上加一点蟹黄来点缀）、呼和浩特烧麦、湖北沙县烧卖（皮薄个小，在面粉中掺了木薯粉，蒸熟后晶莹似玉，小巧玲珑）。

金丝烧麦

金丝烧麦

材料：面粉 150 克，开水 100 克，烧麦馅 300 克，鸡蛋皮一张。

做法：用细罗将 150 克面粉筛过，浇入开水，拌匀搓透，再揪成 45 个圆剂，压扁，上下两面均铺上厚厚的面粉，用烧麦槌擀成裙折状的薄皮，弹去面粉；将烧麦馅分成 45 份，放入擀好的薄皮上，用手将皮捏拢，将皮的裙折依次压好，然后将其开口向上，码在屉上，裙折略下垂，即成烧麦。再将蛋皮切成细丝，放在烧麦开口处的肉馅上，蒸熟即可。

烧 卖

汤饺类

TANG JIAO LEI

◆饺子的来历

饺子又称水饺，古时又称为“牢丸”“扁食”“饺饵”“粉角”，是我国北方的民间主食和小吃，也是年节食品。饺子由馄饨演变而来。我国各地饺子的名品有广东虾饺、上海锅贴饺、扬州蟹黄蒸饺、山东高汤小饺、东北老边饺子、四川钟水饺等，西安还有饺

饺　子

饺 子

子宴。饺子的特点是皮薄馅嫩，味道鲜美，百食不厌。饺子皮可用烫面、油酥面、米粉制作；馅可荤可素、可甜可咸；煮法可蒸、烙、煎、炸等。常用的荤馅有三鲜、虾仁、蟹黄、海参、鱼肉、鸡肉、猪肉、牛肉、羊肉等。中国饺子也流传到国外，外国的饺子主要有朝鲜饺子（以牛肉为馅）、越南饺子（以鱼肉为馅）、俄罗斯饺子、印度饺子、墨西哥饺子、意大利饺子、匈牙利饺子、日本饺子（即锅贴，将饺子煎着吃）等。

饺子源于古代的角子，原名“娇耳”，距今已有 1800 多年的历史。三国时代的张揖所著的《广雅》就提到形如月牙，称为“馄饨”的食品，和现在的饺子形状基本类似。南北朝时的饺子煮熟以后，是和汤一起盛在碗里混着吃，所以当时的把饺子又叫“馄饨”。到了唐代，饺子已变得和现在的饺子一模一样，而且是捞出来放在盘子里单独吃。唐代还有饺子宴。唐代称饺子为“汤中牢丸”，宋代称为“角儿”，元代称为“时罗角儿”，明末称为“粉角”，清朝称为“扁食”“饺儿”“水点心”“煮饽饽”。

过年吃饺子有很多故事，一说是为了纪念盘古开天辟地，结束混沌状态；二是与女娲造人有关。据说，女娲抟土造人时，由于天寒地冻，黄土人的耳朵很容易冻掉，为了使耳朵能固定不掉，女娲在人的耳朵上扎一个小眼，用细线把耳朵拴住，线的另一端放在黄土人的嘴里咬着，这样才把耳朵做好。老百姓为了纪念女娲的功绩，就用面捏成人耳朵的形状，内包有馅（线），用嘴咬着吃。

饺子源于东汉，相传为医圣张仲景首创。张仲景“祛寒娇耳汤”的故事一直在民间广为流传。相传张仲景从长沙告老还乡后，正好赶上冬至这一天，走到家乡白河岸边，见很多穷苦百姓忍饥受寒，耳朵都冻烂了。他心里非常难受，心里挂记着那些冻烂耳朵的穷百姓。于是创制了“祛寒娇耳汤”，其做法是用羊肉、辣椒和祛寒药材在锅里煮熬，煮好后再把这些东西捞出来切碎，用面皮包成耳朵状，下锅煮熟后分给病人。老百姓从冬至吃到除夕，抵御了伤寒，治好了冻耳。后来人们称这种食物为“饺耳”“饺子”或“扁食”，在冬至和年初一吃，以纪念张仲景。

饺子是一种历史悠久的民间小吃，民间有“好吃不过饺子”的俗语。新春佳节，饺子成为不可缺少的美味。民间有“大寒小寒，吃饺子过年”的说法，而且形成了许多民俗。比如，河南、陕西等地的人吃饺子，要在汤里放些香菜、葱花、虾皮与韭菜；饺子要在年三十晚上 12 点以前包好，待到半夜子时吃，取“更岁交子”之意，“子”为“子时”，“交”与“饺”谐音，有“喜庆团圆”“吉祥如意”的意思；饺子馅有浓厚的文化内涵，比如芹菜馅之意为勤财饺，韭菜馅之意为久财饺，白菜馅之意为百财饺，酸菜馅之意为算财饺，鱼肉馅之意为余财饺，牛肉馅之意为牛财饺，野菜馅之意为野财饺。

韭菜虾仁饺子馅

材料：虾仁 150 克，瘦猪肉 150 克，鲜韭菜 150 克，姜末适量，调味品适量。

做法：将瘦猪肉切 0.4 厘米左右的丁，加料酒、酱油适量淹制 20 分钟以上，虾仁取虾线后切与肉同大的丁加少量酱油、料酒淹制 20 分钟（肉用老抽、虾仁用生抽）。将韭菜切末，加入姜末、盐、味精、五香粉少量、花生油适量、香油少量、淹好的肉和虾仁搅拌均匀即可。

◆馄饨的来历

馄饨是我国传统食品，最早记载于西汉扬雄的《方言》中。馄饨是一种古老食品，西汉时已问世，南北朝时已十分普遍，唐、宋、元、明、清历朝都有记载。古人认为馄饨是一种密封的包子，没有七窍，所以称为“浑沌”，后来才称为“馄饨”。最初，馄饨与水饺并无区别。到了唐代，才有了馄饨与水饺的区分。南宋时，当时首都临安有每逢冬至吃馄饨的风俗。宋朝人在冬至吃馄饨是为了祭祀祖先。馄饨的由来还有个有趣的故事。话说汉朝时，北方匈奴经常骚扰边疆，百姓不得安宁。当时匈奴部落中有浑氏和屯氏两个首领，十分凶残。百姓对其恨之入骨，于是用肉馅包成角儿，称作“馄饨”，将其烹煮，恨以食之。还有传说“馄饨”是为了庆贺元始天尊的诞辰，意思是打破混沌，开辟天地。

馄饨在全国各地有不同的称谓。北方、江浙称馄饨，广东称云吞，湖北称包面，江西称清汤，四川称抄手，新疆称曲曲，福建称扁食、扁肉、肉燕，台湾称扁食（著名的有台北大馄饨、花莲玉里馄饨、屏东里港馄饨）。著名的馄饨有成都龙抄手、无锡三鲜馄饨、重庆过桥抄手、上海老城隍庙三鲜馄饨、新疆乌鲁木齐曲曲。北京馄饨最有名的是王府井东安市场附近的“馄饨侯”馄饨。

馄饨常见的外型有圆形、圆筒形、半圆形、长方形、三角形。馄饨常见的种类有馄饨面、鲜肉馄饨、鲜虾馄饨、虾肉馄饨、菜肉馄饨、红油抄手、炸馄饨。馄饨皮较薄，煮熟后有透明感；馄饨重汤料，水饺重蘸料。馄饨常见的馅料有猪肉、虾肉、蔬菜、葱、姜。馄饨常见汤料是鸡汤、肉骨头汤，另外在汤料中常加入蛋皮丝、榨菜丝、干丝、虾皮、鹌鹑蛋、葱花等。

馄饨

馄 饨

馄饨馅做法

因馄饨皮较薄，不适合包裹大颗粒的食材，因此食材多需剁碎；虾通常仅经剥壳处理，并未剁碎。在每一斤肉馅中加入一个鸡蛋，适量盐、鸡精、酱油、糖拌匀；取一个洋葱用粉碎机打碎，与肉馅拌匀；将一大块姜、一把葱、三四汤匙虾米或虾皮用粉碎机打成末，放到盘里铺开，在锅内放入适量油烧至180度，浇到盘里，用筷子拌匀，稍凉后，与肉馅拌匀即可。馄饨馅中还可以加入鸡肉末、牛肉末、白菜、芹菜、韭菜、香菇丁、虾丁。

◆汤圆的来历

汤圆的历史十分悠久。据传源于宋朝。当时兴起吃一种新奇食品，即用各种果饵做馅，外面用糯米粉搓成球，煮熟后，吃起来香甜可口。因为这种糯米球煮在锅里又浮又沉，所以汤圆最早叫“浮元子”。汤圆的来历与袁世凯有关。传说，1912 年袁世凯篡夺革命成果，做了大总统，他一心想当皇帝，又怕人民反对，一天到晚提心吊胆的。因为“元”和“袁”、“宵”与“消”同音，而“袁消”就有“袁世凯被消灭”之嫌，于是袁世凯在 1913 年元宵节前下令把元宵改为汤圆。

元宵与汤圆是不同的，汤圆馅含水量比元宵多。在我国民间，吃

汤 圆

汤圆是冬至的传统习俗，古人还写有“家家捣米做汤圆，知是明朝冬至天”的诗。“汤圆”是一种用糯米粉制成的圆形甜品，“圆”意味着“团圆”“圆满”，冬至吃汤圆，象征家庭和谐、吉祥，所以冬至吃汤圆又叫“冬至团”。冬至团可用来祭祖、互赠亲朋。

在台湾，还有首《卖汤圆》的民谣：“卖汤圆，卖汤圆，小二哥的汤圆是圆又圆，一碗汤圆满又满，三毛钱呀买一碗。汤圆，汤圆，卖汤圆，汤圆一样可以当茶饭，唉嗨哟。卖汤圆，卖汤圆，小二哥的汤圆是圆又圆，一碗汤圆满又满，三毛钱呀买一碗，汤圆，汤圆，卖汤圆，公平交易可以包退换，唉嗨哟。汤圆，汤圆，卖汤圆，小二哥的汤圆是圆又圆，要吃汤圆快来卖，汤圆，汤圆，卖汤圆，晚来一步只怕要卖完，唉嗨哟”。

著名的汤圆有宁波的猪油汤圆，广东潮汕的四式汤圆，山东的芝麻枣泥汤圆，上海的擂沙汤圆、酒酿汤圆、雨花石汤圆，湖南长沙的姐妹汤圆，贵州兴义的鸡肉汤圆，成都的赖汤圆，四川的心肺汤圆，苏州的五色汤圆，海南的鸡屎藤汤圆。此外还有北京的奶油元宵、天津的蜜馅元宵、上海的酒酿汤圆和乔家栅鲜汤圆、重庆的山城小汤圆、泉州的八味汤圆、广西的龙眼汤圆、安庆的韦安港汤圆、台湾的菜肉汤圆。

由于汤圆含高量“糖分”，加上花生、芝麻、鲜肉馅含“高油脂”，所以一次要少量食用；汤圆的外皮均以糯米粉为食材，黏性高，不易消化。因而肠胃功能不佳、老年人、儿童在食用汤圆时，应特别留意，以免造成消化不良或吞咽阻碍；甜馅汤圆会使糖尿病患者的血糖升高；花生、芝麻、豆沙馅等会加重肾脏病；体重超重、高脂血症、高血压、痛风的患者，都不宜过量食用汤圆。煮咸汤圆时可放些蔬菜，以增加纤维素。

芝麻汤圆

材料：适量的糯米、大米，适量的白糖、麻酱、桃仁（压碎）、芝麻、猪油。

做法：将糯米与大米混合，水浸1~2天，用磨磨细，放入布袋内，悬空吊浆，制成面粉。将白糖、麻酱、桃仁、芝麻、猪油和面粉混合拌匀，制成小方块馅料待用。将面粉加入适量凉水揉和，取一小块捏扁，放入切好的馅料封口揉圆。将水烧开后放入汤圆，煮时火不宜过旺。汤圆浮上水面，稍过一会儿捞出即可。

◆元宵的来历

元宵又称圆子、浮圆子、水圆、乳糖元子、糖元、元宝。元宵的原意为“上元节的晚上”，“上元节”主要是晚上观灯、猜灯谜、吃元宵、赏月，即正月十五闹元宵。元宵节也称灯节，早在2000多年前的秦朝就有了，元宵赏灯始于东汉明帝。明帝提倡佛教，听说佛教有正月十五日僧人观佛舍利，点灯敬佛的做法，于是就命令这一天夜晚在皇宫和寺庙里点灯敬佛，士族庶民都挂灯。而诸如“打灯谜”、吃元宵的习俗，始于宋朝。一些地方的元宵节还有“走百病”的习俗，又称“烤百病”“散百病”，人们结伴而行，或走墙边，或过桥，目的是祛病除灾。到了清代，则增加了舞龙、舞狮、跑旱船、踩高跷、扭秧歌等“百戏”内容。

还有种传说，说元宵节源于“火把节”，汉代民众在乡间田野持火把驱赶虫兽，希望减轻虫害，祈祷获得好收成。今天西南地区的人们还在正月十五用芦柴或树枝做成火把，成群结队高举火把在田头或晒谷场跳舞。又说元宵燃灯的习俗起源于道教的“三元说”，即正月十五日为上元节，七月十五日为中元节，十月十五日为下元节。主管上、中、下三元的分别为天、地、人三官，天官喜乐，故上元节要燃灯。

汉文帝时，已下令将正月十五定为元宵节。汉武帝时，“太一神”（主宰宇宙一切之神）的祭祀定在正月十五。每逢元宵佳节或集会庆典，民间都以狮舞前来助兴。这一习俗源于东汉时期，南北朝时开始流行。据说，最早是从西域传入的，狮子是文殊菩萨的坐骑，随着佛教传入

元 宵

中国，舞狮子的活动也输入中国。狮子是汉武帝派张骞出使西域后，和孔雀等一同带回的贡品。狮舞源于西凉的“假面戏”，狮舞分为北派狮舞、南派狮舞。

元宵的来历还有个美丽动人的传说。相传汉武帝有个宠臣叫东方朔，他很风趣。有一年冬天，下了几天大雪，东方朔就到御花园去给武帝折梅花。刚进园门，就发现有个宫女泪流满面，准备投井。东方朔慌忙上前搭救，并问明自杀的原因。原来宫女名叫元宵，家里还有双亲及一个妹妹。自从她进宫后，就无缘和家人见面。因此每年佳节就更加思念家人。觉得不能在双亲跟前尽孝，不如一死了之。东方朔深感同情，向她保证一定设法让她和家人团聚。

一天，东方朔出宫在长安街上摆了一个占卜摊。不少人都争着向他占卜求卦。不料，每个人所占所求，都是“正月十六火焚身”的签语。长安城里起了很大恐慌，人们纷纷求问解灾的办法。东方朔就说：“正月十三日傍晚，火神君会派一位赤衣神女下凡查访，她就是奉旨烧长安的使者，我把抄录的偈语给你们，可让当今天子想想办法。”说完，便扔下一张红帖，扬长而去。老百姓拿起红帖，赶紧禀报皇上。汉武帝接过来一看，只

元宵

见上面写着:“长安在劫，火焚帝阙，十五天火，焰红宵夜”，心中大惊，连忙请来东方朔。东方朔就说：“听说火神君最爱吃汤圆，宫中的元宵不是经常给你做汤圆吗？十五晚上可让元宵做好汤圆。万岁焚香上供，传令京都家家都做汤圆，一齐敬奉火神君。再传谕臣民一起在十五晚上挂灯，满城点鞭炮、放烟火，好像满城大火，这样就可以瞒过玉帝了。此外通知城外百姓，十五晚上进城观灯，杂在人群中消灾解难”。武帝听后十分高兴，就传旨照东方朔的办法去做。

到了正月十五日长安城里张灯结彩，游人熙来攘往，热闹非常。宫女元宵的父母也带着妹妹进城观灯。当他们看到写有“元宵”字样的宫灯时，高喊：“元宵！元宵”，元宵听到喊声，终于和亲人团聚了。如此热闹了一夜，长安城果然平安无事。汉武帝大喜，便下令以后每到正月十五都做汤圆供火神君，正月十五全城挂灯放烟火。因为元宵做的汤圆最好，人们就把汤圆叫元宵，这天也叫做元宵节。

元宵和春节的年糕、端午节的粽子一样，都是节日食品。吃元宵象征家庭像月圆一样团圆。宋代爱国词人辛弃疾写有《青玉案·元夕》的词：“东风夜放花千树，更吹落，星如雨。宝马雕车香满路，凤萧声动，玉壶光转，一夜鱼龙舞。蛾儿雪柳黄金缕，笑语盈盈暗香去。众里寻他千百度，蓦然回首，那人却在，灯火阑珊处。”欧阳修则写有:“去年元夜时，花市灯如昼。月到柳梢头，人约黄昏后。今年元夜时，月与灯依旧。不见去年人，泪湿春衫袖。”

元宵由糯米制成，或实心，或带馅。馅有豆沙、白糖、山楂、各类果料等，食用时煮、煎、蒸、炸皆可。不过诸如糖尿病、溃疡病、胃肠消化功能不良、急性胃肠炎、高烧、高血压、高血脂、痛风、久病初愈、年老体弱、婴幼儿、小儿等人群，是不宜食元宵的。

橙羹小汤圆

材料：糯米面2500克，白糖750克，熟面粉150克，猪油50克，瓜子仁25克，核桃仁25克，芝麻25克，橙子3个，青红丝、香精少许。

做法：将熟面粉100克、白糖500克及猪油、瓜子仁、核桃仁、芝麻等拌匀，将用50克熟面粉打成的浆糊倒入，搓成馅，切成玉米粒大的小方丁。在箩筐内放些糯米粉，将浸过水的馅块放入滚动，滚成大小适中的汤圆。将橙子切成两瓣，挤出汁。水煮沸时，倒入汤圆，汤圆浮上水面后，再加白糖和橙子汁，待白糖溶化后盛入碗内即可。

汤 圆

糕点类

GAO DIAN LEI

◆蛋糕的来历

蛋糕原意是扁圆的面包，意味着“快乐幸福”。蛋糕最早起源于西方，后来传入中国。西方蛋糕主要分为生日蛋糕、婚礼蛋糕。中古时期的欧洲人相信，生日是灵魂最容易被恶魔入侵的日子，所以在生日当天，亲人朋友都会齐聚身边给予祝福，并且送蛋糕以带来好运，驱逐恶魔。而婚礼蛋糕，最早出现在古罗马时代。古时的婚礼蛋糕是放在新娘头上切开的。

蛋 糕

蛋糕的国内著名品牌有好利来蛋糕、上海元祖蛋糕、上海香特莉蛋糕、北京味多美蛋糕、乌鲁木齐麦利来蛋糕、江苏美丽家蛋糕、西安米旗蛋糕、合肥皇冠蛋糕、深圳一品轩蛋糕、徐州美佳乐蛋糕、郑州好嘉利蛋糕、中山马德利蛋糕。

国外著名的蛋糕品种有日本长崎蛋糕、意大利的提拉米苏（带我走的含义）、奥地利的沙河蛋糕（奥地利的国宝级点心）、巧克力杏仁蛋糕与史多伦蛋糕（成分有杏仁、榛果、糖、巧克力和奥国独特的圆饼）、法国的木材蛋糕与舒芙里、美国的波士顿派、德国的黑森林蛋糕。其中，黑森林蛋糕只是一种“没有巧克力的樱桃奶油蛋糕”。相传以前，每当黑森林区的樱桃丰收时，农妇们除了将过剩的樱桃制成果酱外，在做蛋糕时，也会将樱桃塞在蛋糕的夹层里，或是一颗颗细心地装饰在蛋糕上。而在打制蛋糕的鲜奶油时，更会加入樱桃汁。这种以樱桃与鲜奶油为主的蛋糕，从黑森林传到外地后，也就变成“黑森林蛋糕”。

总之，蛋糕是以面粉、甜味剂、黏合剂、起酥油、牛奶或果汁、香精和发酵剂为基本原料制成的含水量较高、质地柔软的糕点。鲜奶蛋糕一定要当天吃，保质期短，不易贮存；糖尿病患者务必选择使用代糖添加剂的蛋糕，并少量食用。

爱情蛋糕的做法

材料：鸡蛋4个，低筋面粉、牛奶、卡芙三角芝士、巧克力适量，有底心形模具。

做法：鸡蛋的蛋白和蛋黄分开，准备两个盘子，一个装蛋白，另一个装蛋黄。两个盘子都分别加入白砂糖打匀；把三角芝士用盘子装着在锅里加热融化，加入一点牛奶变成芝士糊；加半盒牛奶到蛋黄的盘子里打匀，再加入面粉用勺子上下翻拌，不要划圈。如果太稠就加入牛奶，太稀的话就加入面粉，翻拌均匀变面糊为止；蛋白要打成硬性发泡，分别两次加入第四步拌好的面糊，也是上下拌匀，再加入加热的芝士糊拌匀；准备六寸的心形蛋糕模具，把模具涂上一层花生油，把拌好的面糊装在模具里，再放入电饭锅里，按电源，待跳到保温状态过几分钟再按，这样大概按4次蛋糕就熟了。蛋糕出来时，可以把巧克力糊淋匀整个蛋糕，再摆上水果即可。

爱情蛋糕

◆重阳糕的来历

重阳糕又叫花糕、桂花糕、菊糕、发糕、重阳花糕，是我国汉族的重阳节食品。农历九月初九是重阳节，又叫敬老节，民间要蒸重阳糕孝敬老人。重阳是放风筝、骑马练兵、讲武习射的节日。南北朝时，规定重阳节是军事操练的节日。宋武帝刘裕建立王朝前，在徐州借重阳节登项羽戏马台，即位后就规定九月九日为骑马射箭、检阅军队的日期。唐德宗时，重阳节的习俗普及全国。民国时期，定九月九日为“体育节”。另外，重阳节要接已出嫁的女儿回家过节，故又称“女儿节”。

而且九月九日，正巧二九相逢，“九”与长久的“久”同音，是长寿的象征，所以又把九月九日定为“老人节”，也称“敬老节”。

重阳的饮食之风，除饮茱萸、菊花酒，吃菊花食品外，最有名的就是吃糕。汉代时已有九月九日吃蓬饵之俗，即最初的重阳糕。相传，现在流行的重阳糕，是从古代发给士兵的干粮演化而来的。一般认为重阳糕起源于重阳节登高的习俗。据说，汉代时，桓景师从费长房学仙。一天，费长房告诉学生：九月九日有大灾降临你家，可让家人缝制布囊，内盛茱萸，系之臂上，届时登山饮菊花酒，灾祸可消。桓景依言行事，果然无恙。后人仿效，遂成九月初九登高山、饮菊酒、插茱萸等节俗。

重阳糕在南北朝时即已产生。到宋朝时，汴京（今开封）、临安（今杭州）已十分盛行。宋代诗人宋祁曾写有一首专颂重阳糕的诗——《九日食糕》，诗云：“飙馆轻霜拂曙袍，糗糍花影斗分曹。刘郎不敢题糕字，空负诗家一代豪”。另外诗人蔡云还写有：“篝火鸣机夜作忙，织工一饮登高酒。依然风雨古重阳，蒸出枣糕满店香”的诗句。

重阳糕

在重阳节吃“重阳糕”，是由于没有山的地方无高可登，有人就由登高想到吃糕。以吃糕代替登高，表示步步升高。因在重阳吃，就被命名为“重阳糕”。古时的重阳糕十分讲究，糕上嵌以蜜饯、枣脯。如今的

重阳糕

重阳糕多用米粉、果料等作原料，点缀以枣、栗、杏仁，加糖蒸制而成；糕上插五色小彩旗，夹馅并印双羊，取“重阳”的意思。蒸重阳糕的方法与蒸年糕相同，不过蒸糕要小一点、薄一点。有时为了增加口味，人们还把重阳糕制成五颜六色，洒上桂花，香甜可口。

一年一度的重阳节是老年人的节日，孝顺的子女总会在这一天给老人买上几块重阳糕。不过需要注意的是：重阳糕不宜空腹食用，会促使胃酸分泌过多，引起泛酸，甚至烧心，尤其是胃病患者，更易诱使发病；食用重阳糕，应少吃、慎吃，肥胖者尽量不要吃；糖尿病患者忌食重阳糕；高脂血症、冠心病等心血管疾病患者，胃肠功能不好的人，慎重食用；胰腺炎患者不宜食用。

教你一小手

重阳糕的做法

材料：糯米粉 1000 克，粳米粉 500 克，赤豆 250 克，白糖 1000 克，红绿果脯100克，红糖50克，豆油25克。

做法：先将红绿果脯切成丝，待用。将赤豆、白糖(250克)、豆油制成干豆沙，备用。将糯米粉、粳米粉掺和，取150克拌入红糖，加水50克左右，拌成糊状粉浆。将其余的粉拌上白糖(750克)，加水250克后，拌和拌透。取糕屉，铺上清洁湿布，放入1/2糕粉刮平，将豆沙均匀的撒在上面，再把剩下的1/2的糕粉铺在豆沙上面刮平，随即用旺火沸水蒸。待汽透出面粉时，把糊状粉浆均匀地铺在上面，洒上红、绿果脯丝，再继续蒸至糕熟，即可离火。将糕取出，用刀切成菱形糕状，另用彩纸制成小旗，插在糕面上即成。

◆面包的来历

面包又称为人造果实，是以小麦粉为主料，以酵母、鸡蛋、油脂、果仁等为辅料，加水调制成面团，经过发酵、整型、成型、焙烤、冷却等过程加工而成的焙烤食品。1万多年前西亚一带的古代民族就已种植小麦和大麦。那时利用石板将谷物碾压成粉，与水调和后在烧热的石板上烘烤。这就是面包的起源。与此同时，北美的古印地安人也用橡实和某些植物的籽实磨粉制作“烤饼”。

公元前3000年前后，古埃及人最先掌握了制作发酵面包的技术。和好的面团在温暖处放久了，受到空气中酵母菌的侵入，导致发酵、膨胀、变酸，再经烤制变得十分松软，这就是世界上最早的面包。现今发现的世界上最早的面包坊诞生于公元前2500多年前的古埃及。公元前13世纪，摩西带领希伯来人大迁徙，将面包制作技术带出埃及。公元2世纪末，罗马的面包师行会统一了制作面包的技术和酵母菌种。在古代，白面包是上层权贵们的奢侈品；普通大众只能以裸麦制作的黑面包为食。直到19世纪，面粉加工机械得到发展，小麦品种得到改

面 包

良，面包才变得软滑、洁白。

法国面包被世人认为是法国的经典象征，法国面包也是巴黎的象征。15 世纪的法国面包是圆形的，棕色，粗糙。法国国王路易十四时期，出现精制的白面包。18 世纪出现细长面包，是今日法国面包的雏形。今日法国有 35000 家面包店，每年供应 350 万吨面包，是餐馆和咖啡厅里的主角。

面包按用途可以分为“主食面包”“点心面包”；按质感分为“软质面包”“脆皮面包”“松质面包”和“硬质面包”；按原料分为白面包、全麦面包和杂粮面包。另外还有主食面包（油和糖的比例较低，包括平项或弧顶枕形面包、大圆形面包、法式面包）、花色面包（包括夹馅面包、表面喷涂面包、油炸面包圈）、调理面包（三明治、汉堡包、热狗）、丹麦酥油面包（使用较多的油脂、固体脂肪）的分法。

面 包

制作面包的原料除黑麦粉、小麦粉以外，还有荞麦粉、糙米粉、玉米粉等。面包含有蛋白质、脂肪、碳水化合物、少量维生素及钙、钾、镁、锌等矿物质，易于消化、吸收。比较受欢迎的主要是谷物面包、全麦面包。谷物面包采用谷物、果仁作为原料，含丰富的膳食纤维、不饱和脂肪酸和矿物质；全麦面包拥有丰富的膳食纤维。面包出炉后最好放上两个钟头再吃。市面上一些面包用的芝士、奶油、牛油，含有很高的饱和脂肪，不宜多食；面包是高热量碳水化合物食品，多吃容易肥胖。面包中热量最高的是松质面包，也叫"丹麦面包"。它的特点是要加入20%~30% 的黄油或起酥油，常做成牛角面包、葡萄干面包、巧克力酥包，对心血管非常不利。

香辣咖哩面包

材料：中筋面粉 300 克，糖 1 汤匙，菜油 1 汤匙，发粉 1 汤匙，酵母半汤匙，温水 1 杯，面包粉适量，鸡肉 50 克，洋葱头 1 粒，蒜米

2茶匙，杂豆150克，香辣即煮料1包，薯仔泥200克，油2汤匙，调味素2茶匙，胡椒粉1茶匙，玉粟粉2茶匙，油1/2汤匙。

做法：先把酵母和温水搅溶，倒入外皮用料中，拌匀，搓成面团后，存放15分。将鸡肉粒用馅料腌10分钟，洋葱切粒。烧热油在锅中，爆香蒜米和洋葱头，加入腌好的鸡肉粒，杂豆和香辣即煮料，炒香，加入薯泥，捞匀。把面团分成小球，每份包入1汤匙馅料，搓合，湿水，滚上面包粉。烧热油，把面包炸至金黄色，捞起即可。

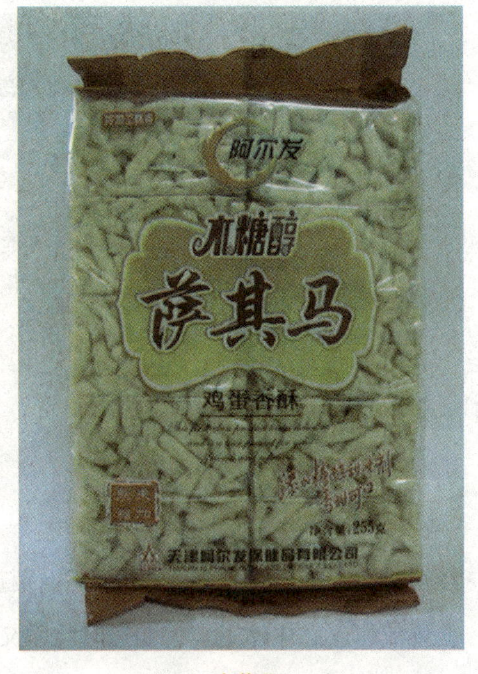

沙琪玛

◆沙琪玛的来历

沙琪玛又称赛利马、大救驾，是满族的一种食物，是清代关外三陵祭祀的祭品，原意是“狗奶子蘸糖”。满洲入关后，沙琪玛在北京开始流行。北京最著名的沙琪玛有：道光年间北新桥的泰华斋饽饽铺所产的沙琪玛，奶油味最重，以及正明斋、永兴斋所产的沙琪玛。在香港，人们称沙琪玛为“马仔”。由于赛马赌博俗称“赌马仔”，因而港人迷信吃了沙琪玛，便可在赛马中获胜。沙琪玛的最初做法是将面条炸熟，用糖混合成小块。沙琪玛的果料有葡萄干、芝麻、山楂糕、青梅、瓜子仁、枣等。其色泽米黄，口感绵软，香甜可口。

沙琪玛

沙琪玛的来历还有几个有趣的故事。传说广州一位满洲将军，姓萨，喜爱骑马打猎，而且每次打猎后都会吃一点点心，还不能重复。有一次萨将军出门打猎前特别吩咐厨师要“来点新的玩意”。负责点心的厨子一听一失神，把沾上蛋液的点心炸碎了。偏偏这时将军又催要点心，厨子大骂一句：“杀那个骑马的”才慌慌忙忙端出点心来。想不到，萨将军吃后相当满意，就问点心叫什么名字。厨子随即回答:“杀骑马”，结果萨将军听成“萨骑马”，因而得名。还有个故事是说，当年努尔哈赤远征时，吃到一名叫“沙琪玛”的将军带着妻子给他做的点心，味道好，长时间不变质，适合行军打仗。于是努尔哈赤大力赞赏，并把这种食物命名为“沙琪玛”。

沙琪玛的做法

材料:精面粉、干面、鸡蛋花、蜂蜜、生油、白砂糖、金糕、饴糖、葡萄干、青梅、瓜仁、芝麻仁、桂花

做法：鸡蛋加水搅打均匀，加入面粉，揉成面团。面团静置半小时后，用刀切成薄片，再切成小细条，筛掉浮面；花生油烧至120℃，

放入细条面，炸至黄白色时捞出沥净油；将砂糖和水放入锅中烧开，加入饴糖、蜂蜜和桂花熬制到117℃左右，可用手指拔出单丝即可；将炸好的细条面拌上一层糖浆；框内铺上一层芝麻仁，将面条倒入木框铺平，撒上一些果料，然后用刀切成型，晾凉即成；锅内花生油用微火烧至八成热，将卷圈下入油锅中炸约1分钟，待其呈金红色时捞出即成。

◆桃酥的来历

桃酥是一种南北皆宜的食品，尤其得到老年人、孩子的喜爱。桃酥是中华传统美食，分为宫廷桃酥、五仁香酥、瓜子酥、花生酥、芝麻酥、瓜子瓦片等，外型美观、味醇香甜。每年的十一月到来年的六月，是销售旺季。桃酥最著名的品牌是宫廷桃酥。宫廷桃酥味道甜美，是历代皇家贡品。宫廷桃酥色泽金黄，中心撒着黑白两种芝麻，样子像一朵盛开的桃花。

据说，宫廷桃酥是由明嘉靖年间的首辅夏言的后人传下来的。明嘉靖年间，江西出了两位首辅——夏言和严嵩，一忠一奸，后来夏言被严嵩陷害，夏言的后裔有一部分逃到江西上清挂洲村的龙头山下，把宫廷做桃酥的技术传了下来，专卖“宫廷桃酥”。

宫廷桃酥也是江苏常州的特产，它之所以能得“宫廷桃酥”之名，据说是因为皇太后慈禧想要自己的容颜和秀发青春永驻，听说马氏桃酥有延缓衰老、乌发美容之效，慈禧于是多次下诏面点师进宫，为她制作美味桃酥，于是“宫廷桃酥”名扬四海。宫廷桃酥不仅形好，味道叫人垂涎欲滴，又酥又脆。

制作桃酥的材料主要有黄油、砂糖、小苏打、水、低筋面粉、核桃肉和蛋黄。将黄油和砂糖放在一起搅拌。搅拌均匀之后加小苏打粉和水进去，然后加入面粉。搅拌均匀之后，在案板上放上面粉，并将搅拌好的面糊加进去，揉成面团。核桃肉切碎后加入面团，揉和均匀，搓圆后排列在烤盘里，用手掌一个个压平，刷上蛋黄，放入烤箱设定200℃的温度烤 18 ~ 20 分钟即可。

宫廷桃酥的做法

材料：低筋面粉 600 克，糖 220 克，酥油 300 克，鸡蛋 60 克，泡打粉 6 克，臭粉 2 克，苏打粉 5 克，核桃肉、蛋黄各适量。

做法：将糖粉、鸡蛋、苏打粉、臭粉放入盆中拌匀；将酥油放入，继续拌匀；接着将低筋面粉和泡打粉放入盆中揉成团，松弛 10 分钟，分成约 35 克一个的小面团，继续松弛 20 分钟；将小面团揉圆后压扁，再排入烤盘中，洒上黑芝麻（或核桃仁）装饰，再刷上鸡蛋液，然后放入烤箱，中层，上下火 170℃烤 20 分钟，然后转上火，将烤盘放入上层，3 分钟上色后出炉冷却即可。

桃 酥